JN111466

私の銀行員物語

―ひたすら「前へ」―

竹下 英

Ei Takeshita

誠心誠意ひたむきに「前へ」向かう人

熊本県知事　蒲島郁夫

私は毎日、午前3時半に起床して、新聞各紙を読むのが日課である。そうした中、地元紙で連載されていた「わたしを語る～私の銀行員物語～」を拝読するのは楽しみの一つでもあった。連載では、私のことも過分な言葉で紹介いただき、身に余る光栄であり、頭取に就任された時に一緒に杯を傾けたことは私にとっても大切な思い出だ。同郷であり、同じ高校の後輩でもある竹下英さんの連載が書籍化され、その巻頭言の執筆依頼を受けたことは、大変名誉なことである。

本書でも述べられているとおり、〃四つの銀行名〃を経験された竹下さんの47年の銀行員人生の間に、金融界を取り巻く環境は大きく変化した。そのような環境下において、竹下さんがバブル崩壊から経営健全化、熊本地震などの幾多の逆境を乗り越えてこられたのは、

「熊本の銀行」という強い信念のもと、誠心誠意ひたむきに『前へ』向かって取り組まれたからこそである。

私も知事就任直後、財政再建や川辺川ダム問題、水俣病問題という県政の最重要課題に取り組んだ。その後、熊本地震、新型コロナウイルス感染症、令和2年7月豪雨という県政史上例を見ない大逆境にも直面した。逆境にある時だからこそ、夢を持つことが大事だ。逆境の中でも常にチャンスを見出し、県民の皆様が幸せになる姿を思い描いて取り組んできた。「逆境の中にこそ夢がある」。その信念のもと、災害からの創造的復興、そして、将来の熊本の発展のために、現在も全力で取り組んでいる。

以前、竹下さんの取材記事を拝見した時に共感した言葉がある。「顧客起点」。竹下さんが仕事をする上で大切にしていることだ。顧客のニーズに合った商品を提供するためには、顧客の思いを汲み取り、感じ、理解し、サポートしていくという強い決意と覚悟を持って、行動することが必要となる。私の県政運営の最大目標は〝県民総幸福量の最大化〟である。竹下さんの言葉を借りるなら「顧客起点」だ。竹下さんも私も大切にしていること、そして、目指しているところは全く同じだと感銘を受けたものだ。

そして、何より、竹下さんの銀行員人生を語る上で忘れてならないのは奥様の存在である。

竹下さんは２０２２年11月、「いい夫婦　パートナー・オブ・ザ・イヤー２０２２」を受賞されている。各界で著名な方々が受賞されている大変名誉ある賞だ。勿論、この賞は一人では受賞できない。パートナー同士の敬意と尊重があってこその受賞である。双方が支え合うことで互いの能力を十分発揮できる環境がつくられる。竹下さんの尽力はもとより、奥様の献身的な内助の功があったからこそ、頭取まで務められ、銀行員人生を謳歌できたのではないだろうか。私も、多くの逆境を共にし、夢に向かって共に歩んでくれている妻には感謝の念に堪えない。

現在、竹下さんは銀行を勇退し、法人会や学校法人といったこれまでと異なる業界の要職に就かれ、熊本の発展のために尽力されている。銀行員人生47年間の知見と経験を活かし、これから歩まれる新たな人生での更なる活躍を願ってやまない。

発刊に寄せて

貴重な証言　熊本の金融関係史

ふくおかフィナンシャルグループ　福岡銀行
代表取締役会長　柴戸隆成

２００７年４月、熊本銀行と福岡銀行は経営統合し、同時に金融持株会社「ふくおかフィナンシャルグループ（以下ＦＦＧ）」が設立されました。それから７年後の２０１４年、竹下さんと私は同時に頭取に就任しています。

竹下頭取の時代は、マイナス金利が導入され、デジタル技術の進展により異業種から金融業界への参入が相次ぐなど、銀行を取り巻く環境が厳しさを増しました。このような状況に対処するため、ＦＦＧは一丸となり、構造改革を間断なく進めつつ、「アイバンク、みんなの銀行といった新たな領域への進出」、「親和銀行と十八銀行との経営統合」、「リスク管理の高度化」など、攻守ともに突っ込んだ経営を展開しています。

竹下頭取在任中の出来事で、とりわけ忘れられないのは、就任3年目に発生した熊本地震であり、在任中最大の試練であられたと思います。熊本銀行も、当初、4店を閉めざるをえませんでした。甚大な被害に見舞われたお取引先が少なくなかったのです。竹下頭取は「取引先支援のために、できることはなんでもやる」と動き出されており、ＦＦＧはその方針を確かなものとするため、「復興・復旧に必要となる資金」を引当金等で準備しました。また、グループ銀行からは応援部隊が熊本に駆け付けました。余震が2千回を数えるなど厳しい時期が長く続きましたが、熊本銀行の行員は一丸となって課題解決に全力で取り組んでくれました。さらに、国、県、市町村をはじめ各方面からの手厚い支援もいただき、問題は少しずつ解消していきました。

この間、竹下頭取は、なにが最適解なのか、いつも真摯に考え抜かれ、決めたら果敢に行動されていました。難しい局面でもいつも笑顔を絶やされませんでした。もともと持ち味の、相手を包み込む交渉スタイルは敵を作らず、結果として、周りからの支援を広く呼び込まれました。私は、その姿に多くのことを学ばせてもらいました。

振り返りますと、両行は「統合効果の発揮により経営基盤を強化し、取引先や地域経済に貢献する」ことを地域金融機関の使命とし経営統合に踏み切りました。設立からの3年間は「不良債権処理、事務・システム統合、店舗統廃合」を、共に、一気呵成に進め、「本部・営業店・関連会社」あげての大作業となりました。

ＦＦＧは現在、各銀行それぞれのブランドで地域に密着した営業を展開していますが、それを支えるインフラは共通化し、合併同様の効率性を実現する「シングルプラットフォーム・マルチブランド」と称する経営スタイルを採用しています。その思想や基盤は、この設立からの3年間に構築されています。

また、経営環境が加速度的に変化する中、「変化を恐れず先手先手で対応していく」こと、そしていかに世の中が変わろうと、「銀行の信用、取引先との信頼関係は守り続けること」も大切にしてきました。

竹下さんは現在、これまでの経験を活かして、熊本法人会会長や加寿美学園理事長として活動しておられます。人生１００年時代、健康に留意され、これからも地域社会のため活躍されることを心より願っております。

熊本地震　真摯に考え果敢な行動

熊本銀行　取締役頭取　野村俊巳

私が初めて竹下先輩と同じ部署で仕事をすることになったのは、営業店勤務2店目の旧熊本銀行花畑営業部在任中でした。普銀転換直後の平成元年4月のことです。当時私は入行8年目の一般行員、竹下先輩は上熊本支店長から直属の上司となる営業課長として異動してこられました。その後2年程苦楽を共にしましたが、営業目標に対するこだわり、数字に対する厳しさは人一倍ありながらも、部下に対しては常に穏やかで、特に部内行員の融和を大事にされていた印象が残っています。

その後も長い銀行員生活の中で、竹下先輩との思い出は数多くありますが、一番印象深い出来事は、平成28年に発生した熊本地震への対応です。当時私は経営管理部門の担当役員であり、発災直後より総合対策本部長として指揮を執ることになりました。店舗等営業設備の被災状況の確認・復旧、行員および家族の安否確認、営業体制の確保等、対応を迫られる事項は様々ありましたが、一刻の猶予も許されない対応事項が一つありました。それは本店ビル屋上に設置された貯水槽防護壁の落下防止対策でした。本書でも触れられていますが、本店ビルは4月16日未明に発生した本震の際に、8階建ての屋上から重さ4トンを超えるコンクリート塊が落下する被害を受けました。幸い未明の出来事で通行人等もなく人的な被害はなかったのですが、本震以降も断続的に発生する余震により、残った外壁も落下する危険性がありました。万一落下すれば人命にもかかわる大事故になる、何が何でもそれだけは避けなければならないとの思いから必死の対応となりました。自ら屋上に上り被害状況を確認し、竹下先輩と私のほか限られたメンバーで対応を協議、発災から間もなく余震が続く混乱の中、また作業員の安全も保証できない状況で作業を引き受けてくれる業者があるのかギリギリの交渉を行いました。結果、お取引先の業者が作業を引き受けていただき、事なきを得ることができましたが、後にも先にもこれほど緊迫した交渉はないものと思います。

地震対応でもう一つ印象に残っていることは、発災から程なく当時頭取であった竹下先輩が全役職員向けにメッセージを発信されたことです。役職員の多くが被災し一時的に約半数が避難先からの出勤を余儀なくされ、また竹下先輩ご自身も車中泊を続けながら対策本部の指揮を執るといった過酷な状況が続いていました。そのような中、行員・家族の状況を案じながらも、地域金融機関として果たすべき役割について、テレビ会議を通して落ち着いた口調でありながらも強い意志を持って語りかけられた姿は今もはっきりと脳裏に焼き付いています。あのメッセージがあったからこそ、私を含め全役職員が強い気持ちを胸に未曽有の難局を乗り越えることができたのだと思います。

本書は筆者の半生、地域金融機関が辿った激動の歴史の記録であるとともに、後進へのメッセージでもあります。現役の金融マン、金融の分野にご興味がある方はもとより、全ての方々にご一読いただくことをお奨めします。

強い意志示した頭取メッセージ

熊本日日新聞社
代表取締役社長　河村邦比児

新聞人でありながら、この「私の銀行員物語」の連載中、毎朝、新聞を開くのが待ち遠しくてなりませんでした。再び、本書で読めるのは何よりの楽しみです

私たちは、竹下様が頭取まで上り詰められた銀行員としての経歴を知っていますので、今更と思われるかもしれませんが、やはり頭取に「成るべくして成られた」との読後感を持ちます。貫かれているのは「生来の人間性と自然体の生き方」に尽きると思います。

学童期から少年期へ。竹下少年の周りに人の輪ができ、その中心に押し上げられる。両親、親族にも及ぶ輪です。竹下家の実直さ、几帳面さは父から子に及び、母の前向きな姿勢もまた、幾多の苦難の銀行員生活を乗り切る原動力になっています。育んでくれた郷土の自然、人情の豊かさも忘れられません。

後の頭取としての統率力、支店長時代から際立つリーダーシップの片鱗は中学時代の弓道の主将、生徒会長に見られます。当時の教師の所見欄の「誠実なので人の信頼を受けている」は言い得て妙です。

成長するにつれ、交流の輪は広がり、後年に私たちが受け止める竹下様の包容力となっていきます。何事にも前向きに取り組み、それでいて我を張ることのない生き方は時期を問わず、変わることはありません。

47年間にわたる銀行員生活。決して平坦な道のりでなかったことはこの本から汲み取れます。何より、熊本相互銀行入行の決め手が、留学生たちと寝食を共にした、寮生活の経験を見込まれたというのも竹下様らしいエピソードです。

時代は高度経済成長に冷や水を浴びせた1974年の第一次石油ショックのただ中。当初こそ「ノンビリした生活」と記すものの鹿児島・谷山支店での開設準備から7年、そして牛深での2年、異動経験のある身には本社、本店から離れての生活は不安の種なのですが、竹下様はここでも、人脈づくりや支援者の獲得にその力を発揮されるのです。

熊本相互銀行に入り、「熊本」「熊本ファミリー」そして再び「熊本」へ。四つの行名をたどる変遷は金融界ならずとも、さまざまな起伏を描き、本書はその時代を映し出してくれます。バブル崩壊後の不良債権処理、公的資金導入をめぐる金融監督庁との折衝―は圧巻であり、熊本における金融関係史とも言えます。貴重な証言は多くの読者の共感を呼び起こすでしょう。秘密裏に上京を重ね、会合場所を転々として交渉を重ねる。「家内も何をしているのか、といぶかったほどです」。連載後の言葉はその一端を示しています。

追い打ちとなる苦難は7年前の熊本地震。ここでも竹下様のキャリアと冷静な判断が生きてきます。底流にあるのは周囲の助力です。銀行員生活を通して垣間見た、人を大切にし、絆を大事にする生き方です。最後に忘れてはならないのは貴美代夫人の献身的な支えと家族の温かさ、これこそが竹下様の活動の源泉ということです。

私の銀行員物語　～ひたすら「前へ」～

―目次―

(1) 四つの銀行名たどった47年

2014(平成26)年2月。熊本市内で人間ドックの受診中だった私に突然、福岡銀行本店の秘書課から連絡が入った。「明日、FFG本社の社長の部屋に出向くように」とのことだった。

熊本銀行の専務取締役を務めて4年。63歳になっていた。退任の内示かと思い、ふくおかフィナンシャルグループ(FFG)の谷正明社長を訪ねると、いきなり「熊本銀行の頭取を君にやってもらうことになった。しっかりやってほしい」と告げられた。

青天の霹靂(へきれき)とはまさにこのこと。「分かりました。頑張ります」と答えるのが精いっぱいだった。以来、経営統合後、初の生え抜き頭取として、ひたすら「前へ」と走ってきた。

◇　◇

私は1951(昭和26)年、旧鹿北町に生まれた。農家の3人兄弟の長男。高校を卒業するまで大自然の真っただ中で育ち、東京の明治大に進み、卒業後は縁あって地元の熊本相互銀行に就職した。特に銀行マンを目指していた訳ではなかった。

これも巡り合わせなのか、銀行ではさまざまな業務に携わる機会を得た。バブル経済崩壊後の90年代にはいわゆる不良債権処理に関わり、公的資金導入では金融監督庁との折衝を隠密裏に進めたこともあった。

多くの危機を乗り越え、熊本ファミリー銀行（当時）は２００７（平成19）年４月に福岡銀行と経営統合し、ＦＦＧが発足した。７年後にその一翼を担う熊本銀行の頭取に就いたが、３年目の16年春には、熊本地震に見舞われた。銀行も店舗等が被災したが、何より多くの顧客の被害が深刻で、支援の陣頭指揮に力を注いだ。

世界中で猛威を振るう新型コロナウイルス感染症の災禍が続く２０２１（令和３）年３

47年間勤めた熊本銀行の本店前で

月末。山あり谷ありの47年間を過ごした銀行を「卒業」した。この間、金融界を取り巻く環境は大きく変わった。私が在籍した間に銀行名が4度変わったことも、その証左だろう。熊本銀行も幾多の厳しい状況を経て、ようやく今の形になった。

頭取退任後は顧問として2年間残り、一線を退いた。銀行員生活47年間を支えてくれた全ての方に感謝の一言しかない。

今は現役時代から携わってきた熊本県法人会連合会の会長職に加え、新たに熊本中央高校（加寿美学園）理事長を引き受け、若い人たちに囲まれた環境の中にいる。

ようやく時間の余裕ができたので、この機会にこれまでの時を振り返り、私なりに熊本の銀行界の歴史の一端を語ってみようと思う。

(2) 鹿北の大自然と大家族

県の最北部にある旧鹿北町が私の故郷。小栗峠を越えると福岡県八女市と接する県境の町である。

生まれは1951（昭和26）年1月15日。父藤登と母桂子の長男として、母の実家で生を受けた。終戦から6年余りが過ぎた頃だ。下に3歳ずつ年の離れた弟、淳治と浩三がいる。父も母も6人兄弟で、いとこたちも大勢いて、何かあるとすぐに親戚が集まるので、子どもたち同士で遊ぶのが楽しみだった。

幼い頃は、父の両親、父の妹、そして父母と私たち兄弟の8人が、一つ屋根の下で暮らした。農業と林業を生業（なりわい）とし、田植え、稲刈りなどの繁忙時には手伝いをさせられた。当時、学校には「稲刈り休み」という特別休暇があった。それが当たり前の時代だった。父は1926年生まれ。真面目で几帳面な性格で、若い頃は海軍を志願し、山口県防府市

母の実家に今も残る蔵の前で両親と

にあった防府通信学校で学び、海軍佐世保通信隊に入隊。通信の任務に就いていたが、数え20歳の時に終戦を迎えた。

父には学という兄がいた。農家の後継ぎは父に任せ、地元の郵便局長をやっていた。伯父は「分からなければ、分かるまで勉強すればどんな試験でも怖くない」と、いつも私たちに無理難題を言っていた。だが父はこの伯父をとても尊敬していた。

母は1927年生まれ。山鹿高等女学校を卒業してまもなく、200メートルほど離れた隣家の最上家から嫁いで来た。

苦労はあったと思うが、母は笑顔が絶えない人だった。子どもには「何事も経験だからね」といつも前向きに背中を押してくれた。こんな両親に褒められたくて、これまで頑張って来られたような気がする。

父方の祖父は村長として村民から尊敬され、一目置かれる存在だった。祖父が村長の時に開通させた隧道（ずいどう）を使っ

広見村長をしていた頃の祖父
竹下虎雄

て学校へ通っていたが、今は「隧道記念碑」だけが建っている。ふだんは好々爺(こうこうや)だったが、酒が入るとつい調子に乗ってしまうところがあった。そのためか「酒は飲んでも飲まれるな」という母の言い付けを〝家訓〟のように守ってきた。

母方の祖父は穏やかな性格で面倒見がよく、体重90キロを超える巨漢だった。こちらも村議会議員を長くやって、その後に町長を2期務めた。

この祖父の家には大きな白壁の蔵が今も建っている。少年時代にはその壁に野球のボールを投げつけて何度も怒られたものだ。今も白壁に残るボール跡を見ると少年時代を思い出す。

(3) 野山を遊び回った幼少期

当時は、どこの家も大家族だったので、子どもの数も多いのが普通だった。

春になると、自宅の裏にあるため池に鮮やかな菖蒲(しょうぶ)が咲いた。ここから田んぼに流れ込む小川には、たくさんのカワニナが繁殖していた。カワニナは巻き貝の一種で、採って帰ると、母が味噌汁に入れてくれた。

家族総出の田植えが済むと、一帯ではカエルの〝大合唱〟が始まり、数えきれないほどの蛍が光を放って舞った。家の中に入ってきた蛍を蚊帳に入れて寝ることもしばしばあった。

夏は何といっても水遊びだ。物心ついた時か

父方の親戚たちと実家の庭で。後列右から２人目が筆者

ら泳げていたような気がする。自宅前の川で遊んだりしていたからだろう。潜って魚取りもよくやった。自作のモリで魚を突き、筌（うけ）にタニシ等の餌を入れて、ウナギ、山太郎カニなどを捕ったりもした。

秋になると、里は一斉に収穫の季節となる。稲刈り、脱穀、もみ摺（す）りの手伝いの合間に、木に登って甘柿を食べた。渋柿は母が干し柿にして正月のおやつになった。谷沿いを登っていくと、あちこちにウベ、アケビがたわわに実をつけている。全て取り放題、食べ放題だった。

稲刈りが済んだ田んぼは、子どもたちにとって絶好の遊び場となった。三角ベースをする人数はすぐに集まった。バットは木の棒だが、真っすぐな枝ばかりではないので、なかなか

母方の親戚たちと杖立にて。最前列左から３人目が筆者

ボールに当たらなかった。ボールは小石を幾重にも布で巻いた特製で、遠くへ飛ばない割に、体に当たると痛かった。

ほかにも和紙の原料になるコウゾの木を大鍋で煮て、樹皮を取り除き、黄色くなった枝を使ってチャンバラ用の刀をこさえたりもした。良い枝ぶりの〝名刀〟ができると、少し強くなったような気分になった。独楽(こま)かけもよくやった。独楽を親に買ってもらい、真っ赤になるまで熱した鉄の軸を、器用に中心に差し込んで作った。独楽に巻く縄ももちろん自前だった。

冬になると近くの山で、今は禁じられている「メジロ落とし」に熱中した。木の枝に粘着力の強いとりもちを巻き、近くのかごに入れたメジロをおとりにして、鳴き声につられて寄ってきたメジロが枝にくっつき動けなくなるのを素早く捕らえる〝狩猟〟だった。捕まえたメジロは、さえずり方を競う大会に持って行ったりした。

友だちの中には「冒険王」「少年」などの漫画雑誌を定期購読している友人がいて、それを借りて読むのも楽しみだった。

男同士で遊ぶことが多く、あまり女の子と一緒に遊んだ記憶がない。何となくそういう雰囲気があった時代だった。

(4) 運動会とお袋の弁当

小学校があった細永という所は、南北に国道3号が走り、西日本鉄道バスが山鹿から小栗峠を越え、福岡県の久留米まで走っていた。県境の峠は当時、急坂の難所だったが、今はそう感じない。

細永には、伯父が局長をしていた郵便局があり、駐在所や農協、商店等が集まる地域の中心地だった。私が通った鹿北三小は木造2階建て。各学年とも1学級40人ほどの2クラスで、6学年に約500人が在籍していた。始業・終業の時刻になると鐘を鳴らして知らせてくれる、少し年配の用務員さんがいたのを覚えている。

実家のある浦方から学校までは、距離にして4キロほどあった。校区の中では学校から一番遠い地区だったが、卒業までの6年間ずっと徒歩で通学した。同級生の男子4人といつも

4年のとき黒田美智夫先生と同級生たちと。前列左が筆者

一緒。道路はまだ舗装されておらず、雨が降るとぬかるみができた。帰りは必ず道草をするので、1時間ほどかかったと思う。たまに母方の祖父が愛用のバイクで通りかかると、両腕に抱え込むようにして、燃料タンクの上に乗せてもらうこともあった。

学校ではいろいろな行事があった。なかでも秋の運動会は、地区を挙げての一大イベントだ。露店が正門の両脇に並び、駐在所長や郵便局長、農協長などが来賓として招かれ、時には競技にも参加していた。

弁当は、母が早起きして作ってくれた。午前のプログラムが終わり、弁当を広げると、特別なごちそうが並んでいた。食べ終わると、露店での買い物が少しだけ許され、どの店もにぎ

鹿北三小での卒業写真＝1958年

わっていた。

1年生の時の徒競走を、ゴール側から撮った写真を見たことがある。私が2位以下を大きく引き離してゴールする姿が写っていた。その写真を探してみたが、残念ながら見当たらない。

4年生の時、大学を出たばかりの黒田美智夫先生が赴任して来られた。熱血漢で厳しい人だったが、根は優しい先生だった。良いことをすれば皆の前で褒め、行儀が悪いとこっぴどく叱られた。新学期早々の家庭訪問で、同級生たちと先生を案内しながら、何だかワクワクした気分で一緒に歩いた記憶がある。

いろいろな思い出が詰まった鹿北三小だが、旧鹿北村（当時。1963年町制施行）内にあった三つの小学校は現在、鹿北小に全て統合され、三小は体育館跡地に記念碑だけが建っている。母校がなくなるのは寂しい限りである。

(5) 弓道部の主将と生徒会長

6年間通った鹿北三小の前を通り、さらに国道3号を北へ行くと、役場などがあった村一番の中心地の岩野がある。入学した鹿北一中もここにあった。東京五輪（1964年）開催の前年である。

通学距離は小学校の頃より、さらに倍ほどに延びた。通学に自転車が必要になり、父が入学祝いに新品を買ってくれた。学校へは交通量の多い国道を通らなければならない。一列縦隊で整然と走ることが求められた。

実家の庭先で父藤登と母桂子＝2017年

中学校はほかの地区からの生徒が加わり、1学年4クラスと数は倍に増えた。当時の学校には、まだスパルタ教育が残っていた。体罰は当たり前という風潮があり、そんな先生が何人かいた。生徒では柔道部に学校中の猛者たちが集まっていたと思う。

あの頃はラッパズボンという裾が釣り鐘状に開いたスラックスが流行していて、履いていている生徒は先生からマークされていた。しかし、暴力沙汰があったり、陰湿ないじめがあったりする学校ではなかった。

学校ではいろんなクラブ活動があった。私は経験したことがない弓道部に入った。部員は多くなかったが、その分、チームワークは良かった。当時、県内で弓道場がある学校は少なく、それが理由かどうか分からないが、夏の中体連等の大会では上位の成績を残す有力校だった。体育祭でのクラブ紹介では、先頭で優勝旗を持ち、誇らしく行進した思い出がある。

主将だった3年生の時は鹿本地区の中体連で優勝、県大会に出場した。残念ながら良い成績は挙げられなかったが、県大会に行けたことがうれしかった。県大会出場記念として、その時に使った矢が2本、今も実家に残っている。

クラブ以外では、2年生の1学期に学級委員になり、2学期は生徒会書記、3学期には生徒会長に選ばれた。その年の卒業式では、在校生を代表して送辞を読み上げた。原稿は先生と一緒に考えたと思うが、冒頭部分は今でもはっきりと覚えている。「野山の木々の芽も膨らみ、日一日と春めいてまいりました今日…」

母は私が生徒会長として、大勢の前に立ったことがよほどうれしかったのだろう。2年生の時の通知表が、2020年に亡くなった母の遺品の中から見つかった。担任教師の所見欄に〈生徒会の会長として活躍した。誠実なので人の信頼を受けている〉と記されていた。通知表を見つけた時、母のにこやかに笑う顔が思い出され、思わず込み上げるものがあった。

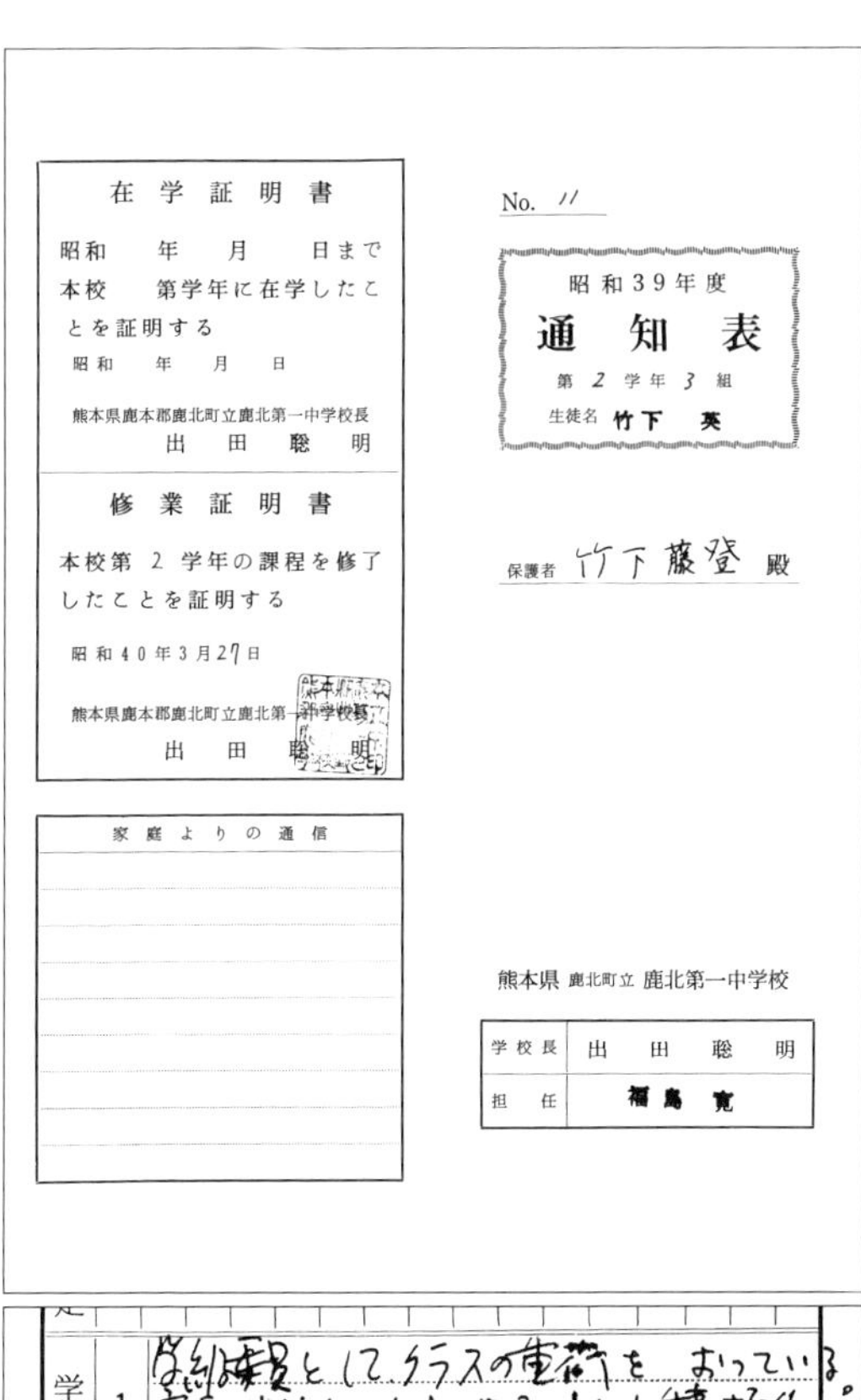

在学証明書

昭和　年　月　日まで
本校　第学年に在学したことを証明する
昭和　年　月　日
熊本県鹿本郡鹿北町立鹿北第一中学校長
出田聡明

修業証明書

本校第 2 学年の課程を修了したことを証明する
昭和40年3月27日
熊本県鹿本郡鹿北町立鹿北第一中学校長
出田聡明

家庭よりの通信

No. 11

昭和39年度
通知表
第 2 学年 3 組
生徒名 竹下英

保護者 竹下藤登 殿

熊本県 鹿北町立 鹿北第一中学校

学校長	出田聡明
担任	福島寛

学習・行動の所見

1	学級委員としてクラスの重荷をおっている。言えばなんでもよくやる。しかし積極的にもっとやってよいのではないか。
2	生徒議会の書記として直接のクラスの仕事からは離れたが依然として信頼を受けている。3学期は国語、数学をがんばってほしい。
3	生徒会会長として活躍した。仕事に誠実なので人の信頼を受けている。学業成績ではまだ望むところがある。

中学２年時の通知表。新聞連載中に、当時の担任・福島寛先生から連絡があった

(6) 東京の街に魅了、進学を決心

中学も学年が上がると自宅で勉強する部屋が欲しくなり、父にせがんで造ってもらった。小屋の2階を間仕切りした6畳一間の部屋だった。はじめのうちは一人で使っていたが、しばらくすると弟と机を並べることになった。

3年生になり進路を決める時期になった。教師からは熊本市の済々黌高を受験するよう勧められたが、校区外でもあり、両親とも相談して、自宅から通える県立山鹿高を受けることにした。

幼い頃、郵便局長をしていた伯父の竹下学からいつも言われていた言葉が時々頭に浮かぶようになった。「勉強をする以上は、分からないことが無くなるまで勉強すれば、どんな試験でも怖くない」。以前は無理難題と思っていた言葉だったが、「何事もやる時は徹底してやらなければならない」ということだと、自分なりに理解した。その教えは私の行動パターンの一つとなっている。

1966(昭和41)年4月に山鹿高に入学。クラス分けで進学コースに決まった。鹿北一

中からは大半の生徒が山鹿高に進学してきていた。中学校で同じ弓道部だった中村孝一君は、県内最難関の熊本高に進んだ。後に彼は産業医科大（北九州市）を出て、眼科医として八代市で開業した。

山鹿高では、2年生の時にワンダーフォーゲル部に入り、その年の夏休みに南九州一円を自転車で回った。7人ほどのメンバーで、阿蘇外輪山の山道から麓までをなぜか自転車を担いで下り、大分―宮崎―鹿児島を走破した。各地のお寺に寝泊まりし、真っ黒に日焼けして戻ってきたのがいい思い出だ。

この年の秋、これからの進路を決める大きな出来事があった。東京への修学旅行。会いたい人がいた。母の従兄にあたる下田信也という慶応大の学生だった。私は小さい頃から、この人を信也兄ちゃんと呼んで慕っていた。彼は鹿北町長だった母方の祖父・最上仁喜平が公務で上京する際は決まって〝東京の私設秘

山鹿高ワンダーフォーゲル部の仲間と高森峠に登る。前列左が筆者

書〃を買って出ていた。

　自由時間の時、信也さんは宿にいる私を連れ出し、東京の街を案内してくれた。最後に行ったのが、赤坂を眼下に見下ろすホテルニューオータニの最上階ラウンジだった。フロア自体が回転して１時間で東京を３６０度見渡す施設にびっくり。皇居や国会議事堂、官庁街や高層ビル群、銀座や新宿、渋谷の街並みが小さく見えた。夜景もきれいだったが、全てが魅力的で刺激的な街にすっかり魅了されてしまった。この時、私が進む大学は東京だと決心した。

修学旅行で東京タワーにて。写真右が筆者

(7) 高校再編、鹿本高1期生に

2年生の終わり頃、「山鹿高がなくなる」というニュースが聞こえてきた。3年生になったら、山鹿高と鹿本高、両校の普通科が統合して新生「鹿本高」に、山鹿高商業科と鹿本高工業科が統合して新生「鹿本商工高」になるというのである。

山鹿高の名前がなくなるということで、反対意見も一部にあったが、大勢は既に決まっていた。再編の名の下、山鹿高に入学した私は鹿本高を卒業することになった。

3年生の4月、新生「鹿本高」に編入された。当時、高校の周辺に商店等はなく、ポツンと1軒だけ火葬場が建っていた。程なく鉄筋3階建ての校舎が完成し、3年生は3階を使うことになった。1学年13クラスあり、私は

山鹿高の校舎。現在は山鹿市役所になっている(卒業アルバムより)

9組となった。

体育の時間が大変だった。完成したばかりの運動場は、とても素足で走れる状態ではなく、バケツを持ち、一つ一つ石ころを拾うのが体育の授業だった。今考えると成績はどのようにして決めていたのだろう。

後年、後輩である松野明美さん、江里口匡史君ら名アスリートが五輪などで活躍したが、大先輩としては私たちの石ころ拾いが彼らの練習環境を整え、ひいては世界に道を開いたのだと鼻を高くしておきたい。

3年時に経験した「高校再編」は、後に銀行で経験する「合併」「統合」との奇妙な縁を感じる。統合で新生鹿本高の校歌ができたが、1期生の私たちでうまく歌える者は少ない。歌う機会がほとんどなかったので仕方あるまい。同窓会などの終わりに校歌を歌う機会があるが、堂々と歌えないのは寂しい限りである。その分1期生の誇りや自負みたいなものは余計にあり、連帯感は強いと思っている。

地元山鹿市長を4期務めた中嶋憲正君は、市長を2021（令和3）年3月に勇退した後、夢だったという畜産業に精を出している。柔道部の猛者だった式守幸夫君は、熊本県警に入り知能犯捜査に長く身を置いた。同じく科捜研の所長を務めた東哲雄君。頼りになるやつらだ。日本体育大を卒業して教職についた竹原英治君は、母校鹿本高の校長を務めた後、城北高の校長をエネルギッシュに務めている。

成績がトップクラスだった森田直君は熊本大医学部に進み、植木町で整形外科を開業。五十肩になった時はお世話になった。熊大応援団長出身の河村久幸君は、肥後銀行に入り常務を経て系列の肥銀カードの社長に、杉焼昭二君は証券マンになった。土門拳に師事した写真家の吉岡功治君は『くまもと人の顔』（２００７年、創造舎）を出版、今も菊池渓谷の美を精力的に追求している。熊本東税務署長を最後に退職した野津隆文君は、私と縁のある熊本県法人会連合会の専務理事を務めた。

ちなみに蒲島郁夫知事は、鹿本高の３年先輩。私が頭取に就任した時には、銀行本店近くの小料理屋の２階で、２人だけで杯を傾けながら激励していただいた。大切な思い出だ。我々後輩には気さくに声をかけてくださる、頼りになる先輩である。

鹿本高の同級生と蒲島郁夫知事を囲んで

(8) 受験失敗、福岡で浪人生活

１９６９（昭和44）年の年が明け、大学受験の手続きが始まった。浪人覚悟で早稲田、慶応の2校を志望し、鉄路で上京した。全国的に大学紛争がくすぶり、この年は東京大入試が中止になるなど、受験自体も混乱していた頃である。

宿は県出身の学生が寄宿する目白の有斐学舎にお世話になった。ここでは熊本弁が通じる。リラックスして受験に臨んだが、結果は予想通り不合格。失意というほどの挫折感はあまりなかったが、受験後もしばらく有斐学舎に〝居候〟して、つかの間の東京生活を楽しんだ。代わりに高校の卒業式は、父が卒業証書を受け取りに行ったと後で聞き、申し訳なく思った。

その春、同級生の森純君と、予備校は福岡市の九州英数学館に行くことを決めた。地元ではない方が受験勉強に集中できると考えたのだ。

1970年代初めの天神・渡辺通り

引っ越しの準備を済ませると、母の弟で、後に結婚の媒酌人をしてもらうことになる最上不二也叔父がトラックで荷物を福岡の寮まで運んでくれた。叔父には幼い頃、平和台球場に何度か連れて行ってもらった。西鉄ライオンズで人気だった稲尾、中西、高倉選手らを熱心に応援したことを覚えている。

室見という所にあった予備校の寮で森君と同室になった。寮の裏を国鉄筑肥線が走り、室見川では白魚漁が盛んだった。周辺にはまだどこか、のどかな田園風景が残っていた。

予備校の校舎は福岡城内にあり、授業が終わって自習をする時は長浜の本校に移動することもあった。寮では80人ほどが起居を共にし、食堂には全員の名前、成績が点数順に貼り出された。最初のうちはほどほどの位置にいたのだが…。

当時から福岡博多は九州最大の街だった。市中心部を路面電車が走り、たまに息抜きであてもなく天神、

筆者の結婚式後、六人会のメンバーと。右から３番目が筆者

中洲、呉服町、博多駅などまで遠出することもあった。田舎から出てきたばかりの浪人生にとっては、見るもの聞くもの何もかもが珍しかった。

予備校から寮に戻る途中に西新という繁華街があり、後ろめたい気がしたが下車して、当時流行していたスマートボールを初めてやった。町中では、チェリッシュの「てんとう虫のサンバ」が盛んに流れていたのを覚えている。

小遣いに困った時に、一度だけ沖仲仕（おきなかし）のアルバイトをしたことがある。朝早くトラックで築港まで連れて行かれ、過酷な港湾作業を経験した。バイト料は破格で、日当5千円ほどだったと思う。

当時、全国的に大学紛争が続いていた。九州大でも教養学部があった六本松で、学生と機動隊がよく衝突した。学生運動に関心があった訳ではないが、九大キャンパスで学生のアジ演説を聞いたことがある。

あっという間に時が過ぎ、志望校を絞り込む時期になった。初志を貫き早稲田、慶応の法学部を第一志望として、他に明治、青山学院、成蹊の法学部を受けることに決めた。東京の宿は前年と同様、有斐学舎にお世話になることにした。家族に見送られ、東京に向けて旅立った。

(9) 有斐学舎に居候、明治大へ

捲土重来。福岡で1年間の浪人生活を経て、再び受験のため上京した。今回は後がない。浮かれた気分はなく、追い込まれた気持ちの方が強かった。

先輩たちがいる有斐学舎に再び転がり込んだ。この学生寮は目白の旧細川藩の中屋敷跡に建っていた。目白御殿といわれた自民党の田中角栄邸が隣接しており、付近の警備は常に厳重で、寮生はたびたび警察官の職務質問を受けた。

建物は古びた木造2階建て。熊本県出身の男子学生130人ほどが生活を共にし、一番近い早稲田をはじめ、慶応、明治などのさまざまな大学に通っていた。2人部屋でプライバシーみたいなものはほとんどない。ただ何より寮費が魅力的で、朝夕食事付きで格安の月9千円ほどだったと思う。

東京・目白にあった有斐学舎。1968年ごろ＝「創立120周年記念誌　有斐学舎」から

秋に開かれる有斐祭では、どんちゃん騒ぎで若さを爆発させた。東京写真大に通う原口義郎さんという先輩がいた。山鹿高出身で、実姉は宝塚女優の上月晃さん。有斐祭では彼女から豪勢な差し入れが届いていた。

有斐学舎はその後、埼玉県志木に移り、現在も県出身の男子学生、今は女子学生もいて生活の場として存続している。

何かとお世話になった有斐学舎だが、後にご縁が出来た福岡銀行元頭取の佃亮二氏も在寮されていたことが、同氏の「わたしを語る」を読んで分かった。

佃氏と初めて会ったのは、ふくおかフィナンシャルグループ設立記念式典後の役員懇親会の席だった。いきなり「山鹿出身の君は嫌いだ。菊池川で小便した水が玉名に流れてくるので川上の連中は嫌いだ」と言われ面食らったが、玉名市出身の佃さんらしい、ユーモアを交えたジョークに親しみを覚えたことがある。

半月余りの受験を終え熊本に戻った。一番遅い早稲田の合否は有斐学舎の先輩が電報で知らせてくれることになっていた。発表の日、電報が届くのを玄関先で今か今かと待ったが、届いた電文には「サイキコウ（再起乞う）」とあった。

当時、早稲田の第二文学部には、あの大女優吉永小百合さんがいた。大学の図書館に行けば必ず会えるという噂があり楽しみにしていたが、その夢はかなわなかった。結局、明治、青山学院、成蹊の3大学に合格。授業料が一番安かった明治大法学部に行くことに決めた。4月、日本武道館であった入学式に出席すると、明治の「愚直に前へ、前へ」という校風

わたしを語る

淡然と 泰然と

福岡銀行会長　佃　亮二　⑪

有斐学舎で生活に安心感

大学二年の後半から法学部のある本郷キャンパスに通った。そのころになると一緒に学生運動していた連中の雰囲気もガラッと変わった。本格的に勉強に打ち込む時期になったこともあるが、私がそうであったように皆、あの血のメーデー事件の夜の経験を通し、偏った考えや行動への反省が芽生えたようだ。

哲学研究会との縁も切れ勉学に励んだ。法学部には当時三つのコースがあり、弁護士などの法曹界へ進もうと漠然と私法コース（第一類）を選んだが、東大生の司法試験合格率は悪い。留年はできないし、法律そのものも私にとってはあまり面白くなく、早々に見切りをつけた。

住まいも駒場寮を出て有斐学舎へ移った。肥後奨学会が運営する熊本出身の男子学生のための寮だ。当時は早稲田大に近い高田老松町（現目白台）にあった。六畳部屋に二人ずつが入り、駒場寮のトイレや風呂が汚れきって全く使えなかったのに比べると、天国のようなところだ。

寮費は飯代を含めて千八百円で、ちょうど日本育英会の奨学金と同額。大学の窓口で奨学金を受け取り、そのまま舎監の先生に届けると食住は保証された。その安心感は大きい。

東京・高田老松町にあったころの有斐学舎＝1969年撮影

それに、寮生は熊本の同郷人。四六時中きりきりしていた駒場と違い、家庭的で落ち着くことができた。特に同じ玉名高、旧制中学出身者とのつながりは深く、先輩たちには仕送りが来たといっては酒を飲みに連れて行ってもらったし、田舎から米が送ってきたら「一緒に食おう」と誘ってもらったりした。

半面、豪放な人も少なくない。大学から帰ると先輩から「布団を借りたぞ」と言われることがしばしばあった。マージャンで負けたかけ金を払うために質に入れているわけだ。金をどう工面したのか二、三日すると布団はちゃんと戻ってくる。妙な信頼感はあった。

電車代や本代を稼ぐためのアルバイトもかなりやった。一番長く続けたのは出版会社の夜警の仕事。有斐学舎の先輩と組んで一日おきに会社に泊まり、大学へ通ったりしていた。

有斐学舎には大学受験の時にも四日間泊まったことがある。後輩たちも同様に頼ってきた。あの当時、経済的に熊本から東京へ出る余裕のない学生にとって大きなよりどころだった。現在は埼玉県に移転しているが、学生を支える役割の重要さは変わらない。

佃亮二元福岡銀行会長の「わたしを語る」（2005年3月1日付　熊本日日新聞朝刊より）

が私の信条にぴったりで、すぐに好きになった。愚直さが必要な時もあり、ひたすら前を向いて進むことが求められることを、後々の人生で幾度となく経験することになる。

まずは有斐学舎に居候したまま、2年間の教養課程を学ぶ杉並区の和泉校舎に通った。法学部の私のクラスは30人ほど。熊本出身は私1人で、九州出身は鹿児島からの1人を含め2人だった。

京王線明大前駅から狭い道路を通り、甲州街道に架かる陸橋を渡りキャンパスへ。そこは全国からの学生がひしめき合っていた。大学に向かう道の両脇には喫茶店や雀(じゃん)荘(そう)、ビリヤードの店が軒を並べていて、教室にたどり着かない日も少なくなかった。

原本のまゝ印刷いたしますので、楷書・黒インクでご記入ねがいます。

昭和47年1月25日火曜日1時限施行

法学部1年 科目(法学) 担当者 上原・鍛冶・大谷

〔注意事項〕1 判別を付してください。持込許可(不許可)ノート・参考書・条文・教科書
2 その他の注意(縦がき・横がき・その他)

問題 ◎選択した問題を必ず書いてから回答すること。

次の三問中一問を選び回答せよ。

(一)「権利の保障が確保されず、権力の分立が定められていない社会は、憲法をもつものではない」というフランス人権宣言の規定の思想的背景について述べなさい。

(二)民法の基本原則。

(三)財産権の自由をめぐる現代的な問題状況を論ぜよ。

以上

明治大学

大学時代の試験問題。六法全書に挟まっていた

⑽ 鹿北町長の〝私設秘書〟役も

いよいよ東京での大学生活が始まった。そこには持て余すほどの自由な時間があった。田舎では味わえないさまざまな刺激があり、気の置けない友人たちと行動を共にした。「人生」「時事問題」「恋愛」など青臭い話などもいろいろした。

居候していた有斐学舎を1年生の途中で出て、京王線笹塚駅近くのアパートに引っ越した。木造2階建ての4畳半一間。共同のトイレは汲み取り式だったが、初めての一人暮らしを満喫した。

福岡の予備校で同部屋だった森純君は早稲田大の法学部に入り、大学の北門近くにあった今宮荘に下宿していた。ここには鹿本高の同級生中原英明君もいて、新宿の寄席「末廣亭」近くにあった「桂花ラーメン」によく一緒に行った。ここは熊本出身の学生のたまり場みたいな店で、熊本弁が飛び交っていた。森君は卒業後、福岡の西日本相互銀行（現西日本シティ銀行）に入行。私と同じ銀行員生活を定年まで送った。

明治大に入学して、鹿北町長だった母方の祖父・最上仁喜平が上京する際の〝私設秘書〟

役をやることになった。私が東京の大学へ進学するきっかけをつくってくれた母の従兄・下田信也の後任だ。役場の秘書課から寝台特急「みずほ」で上京するという電報を受け、到着日に東京駅に迎えに行った。

議員会館、霞が関を回り、松野頼三氏や藤田義光氏ら代議士を訪ね、省庁への陳情等に同行。祖父は永田町にある全国町村会館に2泊ほどして熊本に戻っていった。親の仕送りだけでは足りず、家庭教師のアルバイトなどもやっていたから、帰り際にもらう1万円が何より楽しみだった。

授業の合間を縫って東京六大学野球やラグビー対抗戦等にもよく出かけた。当時、野球では島岡吉郎、ラグビーでは北島忠治という名物監督がいて、姿が見えると大いに盛り上がったものだ。

ところで明治大野球部には当時、同級生に井上明君がいた。彼は夏の甲子園の決勝で、あ

祖父最上仁喜平と祖母アヤメ。叙勲受章時の記念写真

の三沢高の太田幸司投手と延長18回＋再試合9回を投げ合った松山商業高の優勝投手だ。4年の秋季リーグ戦で優勝した時の主将だった。卒業後は朝日新聞社に入り、後年、野球の取材で熊本に来た時に寿司店で酒を酌み交わしたことがある。

今でも機会があれば明早戦等で球場に足を向けることがある。一度は明治神宮野球場のスタンドで応援中、私の目の前に熊本の後輩伊牟田徹君（不動産鑑定士）がいてびっくりした。こちらは出張の空き時間にちょっとのぞいただけだったが、聞けば彼も同じだった。学生時代の思い出が詰まった球場なのだと思った。

思い出の詰まった神宮球場。偶然会った伊牟田徹君と

⑾　大学で得た大切な仲間たち

明治大法学部のゼミでは労働法を専攻した。実社会に出た時に「労働」に関する必要な知識を持っていた方が良かろうという動機だった。

ゼミ講師は明大ＯＢで弁護士の内藤功先生。小教室に10人ほどの学生が机を並べた。先生は後に国会議員となり、参院予算委員会等で質問されている姿をテレビで何度か見かけた。

大学４年間を通じていろんな友人と巡り合った。社会人となってからも出張等で上京すると、集まって近況を報告し合う大切な仲間たちである。地元の横浜銀行に入った山本隆清君、神奈川県庁マンになった亀山修志君、志望通り三菱銀行に入行した瀧音享君、今も名古屋で活躍している弁護士の大塚秀男君、正義感の強い警視庁の藤本明男君らがいた。

大学時代の同級生。左から山本敦君、筆者、小西勇君、飯島秀幸君

特に親しくしたのが京葉ガスで法務部門を長く務めた飯島秀幸君である。彼の自宅は国鉄総武線下総中山駅から5分ほどの所にあり、彼のお父上に気に入られ、時々遊びに立ち寄った。お父上は海軍兵学校出身で、退役後、注文の帽子を作り専門店に卸していた。サントリーレッドが好きで、一緒に飲んで遅くまで話し込んだりした。庭の花壇の周りに、その空き瓶がずらりと並べられていた。

飯島家ではお母上によく手料理をごちそうになった。宴たけなわになると飯島君のギター伴奏で、姉妹が歌う「白い色は恋人の色」のメロディーは今もよく覚えている。

毎日新聞に行った山本敦君は新潟県出身で、記者として北九州編集本部に転勤して来た時に再会した。「土日が過ぎ、月曜日になるのが待ち遠しい」の一言は、当時の私には衝撃だった。銀行に入って、ちょうど将来に希望が持てなくなっていた時だったので、この言葉で奮起することができた。休みが早く終わって、早く仕事がし

取材で熊本に来た井上明君と江戸宝寿司店にて

たいと思うほど、新聞記者はやりがいのある仕事なのかとうらやましくも思えた。彼はその後、「週刊サンデー毎日」編集長を経て、現在は済生会本部（東京）の広報室で働いている。

こんなこともあった。４年の時、弟淳治が東京の予備校に通うため上京してきた。新聞配達をしながら、奨学金を受け受験勉強をするという。

一度寄宿先を訪ねた時の翌朝のこと、私がまだ寝ている枕元に、新聞配達を終え学校に行った弟が置いていったパンと飲み物があった。弟の気遣いと親からの援助を受けず頑張っている姿に、とても申し訳ない気持ちになった。

⑿ 世情混沌、卒論はリポートに

明治大は3年生になると、都心の神田駿河台校舎に移り専門課程を学ぶことになる。最寄り駅は国鉄御茶ノ水駅で、京王沿線にある下宿先からでは不便になったので、思い切って引っ越すことにした。

高校の同級生でつくった六人会の一人、中川正和君が、千葉県西船橋の夏見台にあった財団法人日華学会寮を紹介してくれた。彼は日本大理工学部に通っていて、入学時からここに住んでいた。

この寮は、東南アジア（台湾・インドネシア等）の留学生と日本の学生ほぼ半々の40人ほどが暮らしていた。部屋は個室で家具付き。私費の留学生がほとんどで、卒業後は母国に

1996年まで明治大学駿河台キャンパス内に建っていた記念館（『白雲なびく駿河台』より）

戻り、官僚や学者、会社の経営者等になる人が多かったようだ。

千葉大医学部に通っていた寮生の山崎章郎さんは、船医となり後に映画にもなった『病院で死ぬということ』（1996年、文春文庫）の著者である。

また、小島寿穂さんという青森県出身で日本大理工学部に通う先輩がいた。大学6年生で、寮の主的な存在だった。3年生の冬、小島さんに誘われ、越後湯沢へ初めてスキーに行った。「国境の長いトンネルを抜けると雪国であった」というノーベル賞作家川端康成の『雪国』の世界がまさにそこにあり、とても感動した。その時からすっかりスキーの虜になり、冬はアルバイトをして、湯沢を中心に山形の蔵王、北海道のニセコ等に足を延ばした。小島さんの実家青森にも行き、八甲田山麓のスキー場で滑ったこともある。

夏のある日、小島さんから「利根川を筏で下ろう」と声をかけられた。手作りの筏で、埼

越後湯沢のスキー場で。一番左が小島寿穂さん、右から2人目が筆者

玉の利根大堰から千葉の国府台(こうのだい)まで5日間ほどかけて冒険した。

小島さんは思いついたら何でもすぐに実行に移すタイプで本当に面白い人だった。卒業してまもなく博多で会ったのが最後で、若くして亡くなられたのが残念である。

この頃、周りではいろんなことが起き世情は混沌(こんとん)としていた。衝撃的だったのは1970(昭和45)年11月、作家三島由紀夫が市ケ谷の自衛隊駐屯地で自決した事件だった。翌々年2月には「あさま山荘事件」が起きた。

大学のある明大通りでも、学生と機動隊との衝突がたびたび起きていた。この影響で授業は休講が多く、卒業論文は急きょリポート提出に変更となった。幸いにもこれで卒業できたと思っている。

日本武道館での卒業式には父が上京して出席した。4年間、毎月仕送りを続けた現金書留の控え状を、父が大切に保管していたことを晩年になって知った。両親には感謝しかない。

⒀ 熊本相互銀行入行、子飼橋支店へ

大学卒業後に地元に戻ることを決めたのは、実は卒業間近だった。したがって地元での就職活動はかなり遅れ、少し焦りも感じていた。そんな中で、小国町杖立で温泉旅館を経営していた母方の叔父穴井陽太郎が、取引銀行だった熊本相互銀行を紹介してくれた。

まず取引店の支店長から面接を受けたが、面接場所はなぜか母方の祖父・最上仁喜平宅だった。私にとっては実家の隣であり、全く緊張することなく臨めた。ちなみに最上家を継いだ従弟の最上剛は肥後銀行専務を経て現在、肥銀カード社長を務めている。

形式的な面接の後、すぐに銀行の本店で人事部長に会うように連絡があった。熊本相互銀行の本店は熊本

熊本相互銀行を紹介してくれた叔父・穴井陽太郎（左）とその妻・丈子夫婦

市中心部の花畑町にあり、そこで人事部長の面接を受けた。大学4年生の時に日華学会寮で寮長をしていた時のエピソード等を話したような記憶がある。それが決め手になったのか、その場で採用内定が告げられた。

しかし内定はもらったものの、銀行の仕事は全く未知の世界。務まるかどうか不安ばかりだった。かといって今から他を探すにも心当たりはない。叔父の勧めもありこの銀行に行こうと覚悟を決めた。

1974（昭和49）年4月、入行式が本店で行われた。同期は48人。式が終わると全員がバスで阿蘇青年の家に連れて行かれ、そこで1週間ほど合宿研修があった。研修後に配属先の発表があり、私は男子行員2人と一緒に子飼橋支店になった。

支店は、生鮮食料品等を扱う店が道路の両側に400メートルほど続く子飼商店街の入口にあった。ここは熊本有数の商店街で、年の暮れは買い物客でにぎ

大学4年時に寮長を務めた日華学会寮の寮生と。前列右から3人目が筆者

わっていた。近くには熊本大があり学生の街でもあった。

入行後は独身寮に入り、先輩行員との2人部屋になった。仕事上の分からないことや相談事を、いろいろと教えてもらった。当時、銀行業務に欠かせなかった道具はそろばんだ。今は電卓があるが、そろばんを人並みに使えるようになるにはかなり時間がかかってしまった。また小切手や手形等の実物を見るのも初めて。用語や使い方など業務のイロハから勉強した。

子飼橋支店で3カ月が過ぎた頃、営業見習いとして商店街の担当を命じられ、取引先の売上代金の集金に回ることになった。さまざまな取引先の人たちと接することは嫌いではない。もっと接点を持とうと、商店街の若手経営者たちのソフトボールチームに加えてもらった。小さい頃、三角ベースで鍛えた技量はチームで重宝がられた。預金獲得の仕事もうまく進むようになった。

⒁ 預金獲得競争に変化の波も

当時の銀行は預金至上主義みたいなところがあり、行員は預金を集めるのが主な業務だった。貸出金等の運用はほとんど心配しなくて良かった。今と違って預金金利の上限が定められていて、どこの金融機関に預けてもあまり利息が変わらない。

自ずと預金獲得競争が熾烈（しれつ）になっていた。日常の営業活動では店舗別に預金高の目標が定められ、預金を多く集めてくるのが優秀な行員と評価されていた。

長く続いた預金至上主義の時代が、変わるきっかけになったのは金利自由化だ。１９７９（昭和54）年、譲渡性預金の金利が自由化された。その後、96年の「金融ビッグバン」で、金利自由化はさらに進むことになる。

初任地の熊本相互銀行子飼橋支店で

私が入行した74年は日本の高度経済成長に冷や水を浴びせた第一次石油ショックの真った

だ中で、前年は日本の百貨店火災では最悪といわれた大洋デパート火災が起きた。右肩上がりの経済の下で、「金融機関は安泰」といわれていた時代ではあったが、何となく時代が大きく変わっていく予感があった。

とはいっても、入行した頃の銀行はまだまだノンビリしたものだった。私の入行直前まで「宿直制度」があり、行員が交代で警備を兼ねて支店に寝泊まりしていた。その部屋が店舗の奥に残っていて、ほとんどの店舗は裏口に回れば住居のような造りだった。

また、支店長の一人は夕方5時になると、決まって近くの銭湯に通っていた。思い返せば、古き良き時代だったのかもしれない。

私自身、入行して1年も経つと職場にも慣れ、仕事も遊びも充実した毎日を送るようになっていた。冬になると大学時代に覚えたスキーをするため、阿蘇草千里にあった人工ス

死者99 重軽傷100人余

大洋デパート火事で大惨事 熊本市

猛煙、買い物客包む

史上最大 防火体制不備が拍車

猛煙を噴き上げて燃え上がる大洋デパート

大洋デパート火災を報じる熊日紙面（1973年11月30日付朝刊より）

キー場に通った。どうしても飽き足らず、休暇を取り越後湯沢で滑ったりもした。

入行して3年が過ぎた、蒸し暑い6月の頃だった。突然、夜中に猛烈な腹痛がして、救急車で熊本赤十字病院に運び込まれた。診断の結果は「急性虫垂炎」。手術は無事に済んだが術後の熱が引かず、2週間ほど入院することになった。

その時の担当だったのが、看護師だった妻貴美代である。岡山県の病院勤務を経て、実家（阿蘇市一の宮町宮地）がある熊本に戻ってきたばかりだった。

日赤病院は旧陸軍の健軍飛行場跡に建っていた。今は県立大のキャンパスがある所だ。広大な病院のグラウンドでは、8月に病院の盆踊り大会が盛大に行われていた。

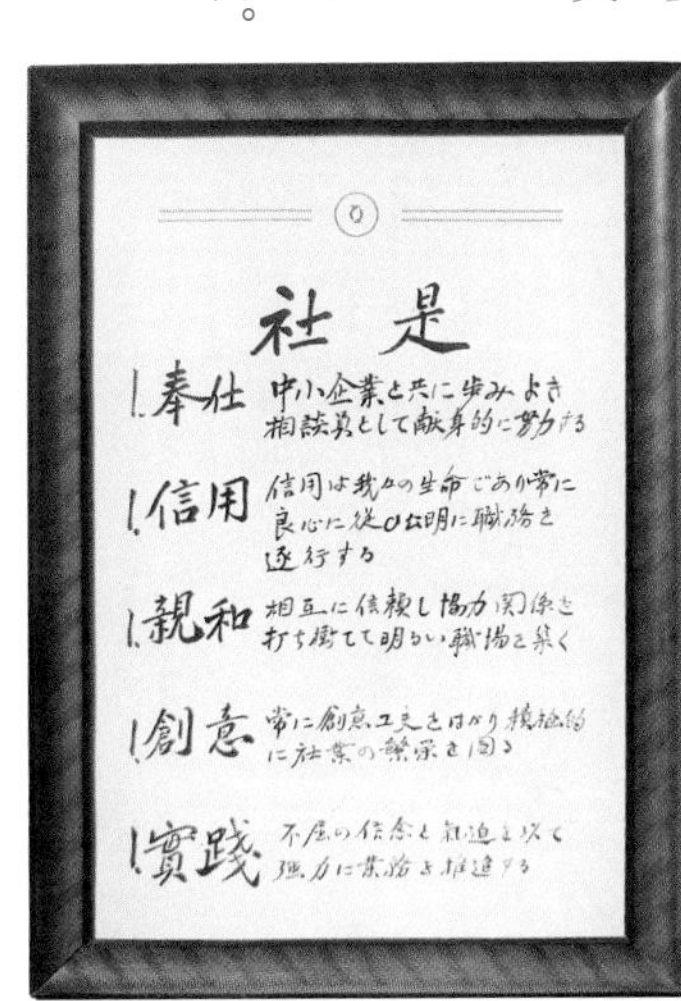

社是

一、奉仕　中小企業と共に歩みよき相談員として献身的に努力する

一、信用　信用は我々の生命であり常に良心に従い公明に職務を遂行する

一、親和　相互に信頼し協力関係を打ち樹てて明るい職場を築く

一、創意　常に創意工夫をはかり積極的に社業の繁栄を図る

一、實践　不屈の信念と気迫を以て強力に業務を推進する

熊本相互銀行の社是（熊本相互銀行50年史より）

⒂　支店長まではなる自信が…

妻となる貴美代とは、私が日赤病院を退院した後も連絡を取り合っていた。休みの日は買ったばかりの中古の車で天草などへドライブに行ったりしていた。その年の病院の盆踊り大会の日に結婚を申し込んだ。

知り合ってまだ3カ月だった。プロポーズの言葉は正確には覚えていないが、「銀行では支店長まではなる自信があるので結婚してください」みたいな生意気なことを言ったと思う。彼女はプロポーズを受け入れてくれた。

結納を済ませ、１９７６（昭和51）年12月5日に、叔父・穴井陽太郎が経営する杖立温泉の丸正旅館で結婚式を挙げた。叔父には就職先の紹介ばかりでなく、結婚式場も提供してもらい感謝している。媒酌人は母方の叔父である最上不二也・凡子夫妻にお願いした。

退院後、天草などにドライブした

式場となった旅館は鉄筋コンクリート4階建てで、新築したばかりだった。遠方からの出席者には前後泊してもらい、杖立の湯を存分に楽しんでもらった。

2階の和室大広間に、80人ほどが正座しての披露宴となった。当時としては大人数で、妻も座りっ放しで大変だったと思う。高校の友人でつくった六人会（森純・三島博士・三森陽一・竹下進一・中川正和）のメンバーも駆けつけてくれた。

披露宴の後に屋上に上がり、全員で記念写真を撮った。その後は皆に見送られ、タクシーで熊本市龍田の三宮神社近くの新居に戻った。

翌日から越後湯沢への新婚旅行に出発した。銀行は1年で最も忙しい師走を迎えていたが、1週間ほどの休暇を取ることができた。旅の途中、新宿の京王プラザホテルで盛大な祝賀会を催してもらった。明治大や日華学会寮で一緒だった友人らに妻を紹介できた。

次の日、越後湯沢に移動して、作家川端康成が『雪

杖立温泉の丸正旅館で結婚式を挙げた

国』を執筆した宿・高半に2泊した。妻は初めてのスキーだったが思う存分楽しんだようだった。

こうして新婚生活が始まったが、相変わらず銀行の仕事は時間が不規則で、帰宅が遅くなることがたびたびだった。妻は当初、ずいぶん戸惑ったようだ。義父は役場に勤める公務員だったので、夕方には仕事から戻ってくるものと思い込んでいたらしい。

今は違うが、当時は暮れともなると、「紅白歌合戦とか見たこともない」と自嘲するほど忙しい時代だった。銀行員の妻としての生活に慣れるまでは、いろいろと苦労をかけてしまった。

そうこうしているうちに季節は春になり、入行して初めての人事異動が待っていた。

⒃ 鹿児島転勤、新支店づくり

結婚して3カ月が過ぎ、4月の人事異動で支店長から「谷山支店開設準備委員を命ず」という辞令を言い渡された。

「鹿児島市内に4番目となる谷山支店をつくることになったので、開設準備委員として、頑張ってほしい」と激励された。開設準備委員長（支店長）を含めて11人への発令だった。

引っ越しの荷物は事前に発送し、4月中旬に身重だった妻と軽乗用車で鹿児島に向けて出発した。まだ高速道路はなく、国道3号を5時間かけて走り、ようやく鹿児島にたどり着いた。

開設準備委員が全員そろうと、結団式が与次郎ヶ浜の料亭梅園で行われた。皆の表情は緊張で引き締まっていた。谷山支店は国道沿いに建築中で、オープンは8月5日と決まった。

谷山支店開設に向けた結団式。左から３人目が筆者

すぐに開店に向けて軒並み訪問が始まった。支店のテリトリーを5区画に分け、5人の担当者が2千世帯ずつ担当した。訪問の目的は「支店ができることを知ってもらうこと」。その上で「口座を開設してもらうこと」だった。訪問先には猛犬などがいて苦労したが、軒並み訪問なのでくまなく回った。

雨の日も猛暑の日も、1日に200軒ほどの訪問を何度も繰り返した。それぞれのお客さまの「顧客カード」を作成し、家族構成や人柄、何を話したか等を書き込んでいった。

オープンまでの3カ月間、体力、気力を消耗する悪戦苦闘の日々が続いたが、「前へ」の熱意があれば、いつか相手には通じるものだ。徐々に訪問の成果が表れ、少しずつ口座の数が

開設メンバーと25年後に再会

増えていった。

当時、先輩が「水を飲む時は、井戸を掘った人のことを思え」とよく話をしてくれた。われわれは井戸を掘りに来たのだと気づいた。何もないところから、支店をつくるということが、どういうことか、どれだけの苦労があるのか―。一人一人のお客さんと誠実に接することがいかに大事かを学んだような気がする。入行して4年目に経験できたことは、その後の銀行員生活の糧になった。

いろんな苦労があったが、1977（昭和52）年8月5日に谷山支店は無事オープンした。当日は朝から雨だった。鹿児島で門出の雨は「島津雨」といって、縁起が良いとされている。大勢の来店客でにぎわい、これまでの苦労が報われたような気がした。

当時、お付き合いが始まった方々とは、40年余り経った今でも交流が続いている。大変ありがたく思うと同時に、後輩たちにもこういう経験をぜひ積んでほしいと思っている。

⒄　7年に及んだ鹿児島勤務

谷山支店オープン後、暑い夏が過ぎると妻のおなかがだいぶ目立つようになってきた。1977（昭和52）年10月10日の朝方、谷山市民病院で長女・智子が誕生した。生まれて1カ月ほど経った頃、田舎から両親と祖母最上アヤメがお祝いに来てくれた。お宮参りは照国神社に行き、家族で記念写真を撮った。そのあと指宿温泉に案内。途中、イッシーで有名になった池田湖を通り枚聞（ひらきき）神社にも立ち寄ってお参りした。

鹿児島で一番苦労したのは鹿児島弁である。特に年配の人と会話する時は、言葉の意味が理解できず、ほとほと困ることがあった。次に厄介だったのが、桜島の火山灰（よな）である。昭和50年代は、特に桜島の火山活動が活発だった。

谷山支店での7年余りの間に、支店長が3人交代した。開設準備委員として一緒に赴任し

苦労して開設した谷山支店

た行員も、残ったのは私一人になってしまった。「人事部の名簿から抹消された」「余人をもって代え難し」など、冗談交じりにいろいろ言われたものだ。

そんな鹿児島時代、私は20代後半だったが、銀行では新たに「外国為替取扱業務」の計画が進んでいた。銀行本部に準備室が設けられ、どういう訳か第一勧業銀行（当時）へ1カ月間ほど研修で派遣されることになった。当時、海外から建築資材を輸入する顧客の信用状（L／C）の発行業務等に携わっていたことが理由だったのかもしれない。

またある時、産業廃棄物処理を扱う業者から処理工場建設資金の融資申し込みがあり、土地建物だけでなく車両、機器、備品等も丸ごと担保とする工場抵当法に基づく融資の承認を本部に申請したことがあった。当行では初めての事例であったが、先駆的な取り組みとして評価され、融資が実現したことがある。

この頃学んだのは、高い目標や困難な仕事をクリアした時の達成感だ。充実感が多ければ多いほど人生は充実する。仮にクリアできなくても、次に役立つということを幾度も経験した。

そんな折、支店長から係長への昇格が告げられた。仕事の内容は大きく変わらないが、少しだけ給与が上がると言われた。

当時、妻は看護師として私学校跡の近くにあった総合病院に勤め、共稼ぎだった。谷山の社宅から40分ほどかけて通い、途中、長女を近くの幼稚園に預ける毎日だった。

帰宅して昇格の話をすると素直に喜んでくれた。生活は決して楽ではなかったけれども、仕事にはやりがいを感じていた頃である。

共稼ぎしていた頃の妻（左）。鹿児島の総合病院にて

⒅ 4人家族に、余暇も楽しむ

当時はまだ今のような週休2日制ではなく、土曜は「半ドン」。午前中に仕事をして、午後は休みという勤務形態だった。銀行も同様で、加えて県外支店の気安さということもあり、先輩の勧めでゴルフを始めた。毎週のように午後から同僚と近くのゴルフ場でラウンド。天気が悪い日は麻雀（マージャン）をしたり、いろんな過ごし方があった。

支店では毎月、皆で旅行積立をしていた。月に3千円ほど積み立て、皆で慰安旅行に行ったり、近場の離島等に家族連れでキャンプに行ったり、と楽しい企画がいろいろあった。

わが家も宮崎の生駒高原に妻と長女を連れて旅行したことがある。その時、コスモス畑を大はしゃぎで歩いていた長女が突然、蜂に刺され、「ハチ、ハチ、ハチ」と大泣きして駆け寄って来た。その姿と声が今でもハッキリ思い出される。

2人の娘は鹿児島生まれ。長女の西谷山小・入学式で妻と＝1984年4月

1984（昭和59）年3月、次女・陽子が愛育病院で生まれた。長女が生まれて6年余りが過ぎていた。妻が入院している間は、義母・甲斐セイが実家の阿蘇から来て、長女と私の世話をしてくれた。

またこの頃はコアラブームで、コアラが近くの平川動物公園にやってきた。珍しかったので、遠方から見学に来る人も多く、人気があった。コアラが大好きな長女のために雑踏の中を何回も通ったものだ。

そんな父親だが家族からは長年、「お父さんは外面が良い」とよく言われてきた。「外ではニコニコ、家ではしかめっ面」。確かにそうだったかもしれない。子育て等、実際には全て妻任せ。平日の帰宅は遅く、土日曜もあまり家にいる時間はなかった。

後年のことだが、次女が高校3年生の時に初めて授業参観に出席する機会があった。それまで一度も行ったことがなかった2人の娘の学校行事に、「最後のチャンスだから」と妻が

次女が生まれたとき、長女と私の世話をしてくれた義母。磯公園にて

強く背中を押したのだ。

参観後、教室で先生との懇談の場になった。男性は私一人ということで、先生から「お父さんを代表して竹下さんご意見をどうぞ」と質問を一手に受けることになり、ヘトヘトになって帰宅した記憶がある。

長女が西谷山小に入学して2学期が終わり、次女が1歳を迎えようとしていた頃、7年ぶりに異動の内示があった。

方言には慣れたが、谷山の一戸建て借り上げ社宅に降り込む火山灰には最後まで悩まされた。それでも周りの人や仕事に恵まれ、愛着が湧いていた鹿児島を離れる時がやって来た。

次女の全校応援に付き合った。藤崎台県営野球場にて

⒆ イワシ漁全盛期の牛深へ

命じられた任地は天草下島南端の牛深だった。入行して11年目、34歳になっていた。異動に合わせて係長から支店長代理に昇格したが、正直なところ、不安の方が大きかった。牛深と言えば〝陸の孤島〟というイメージがあり、鹿児島では方言に苦労したので、長女が地元の言葉になじめるかと心配した。

でも、それは全くの杞憂（きゆう）に終わった。小学1年生の長女は3学期の途中から牛深小へ転入したが、1週間も経つと、話す言葉はすっかり牛深弁だった。

当時の牛深港は多くの巻き網船団でにぎわっていた。1カ月ほどかけて遠洋へ漁に行く「大型」と、夕方に出港して朝方戻ってくる「小型」の船団が、それぞれ漁獲量を競っていた。イワシ漁が盛んで、今では考えられないが、トロ箱いっぱいの新鮮なイワシが千円ぐら

次女の誕生を祖母アヤメに報告。祖母の実家にて

いで手に入った。

牛深はＮＨＫの連続テレビ小説「藍より青く」の舞台でもある。海の色が藍色よりも青い地として知られるが、この頃町中は深刻な水不足に悩まされていた。

そんなある日、取引先から牛深青年会議所への入会を勧められ会員になった。地元の若手経営者と交流ができ、付き合いの幅が広がって仕事に役立ったが、何より活動そのものが楽しみだった。後述するが、例会で学んだ「組織運営」が、自ら組織を率いる立場になった時にとても役立った。

私が担当した地区は羊角湾に面する﨑津で、ここには多くの取引先があった。集落の駐車場に社用車を止め、自転車を借りて漁協や養殖業者、燃料店、医院等を訪問した。天主堂を中心にした一帯は２０１８（平成30）年にユネスコの世界文化遺産に登録されたが、当時も今もこの風景はあまり変わっていない。後世に

牛深青年会議所に入会した時のスナップ。一番左が筆者

残していきたい財産である。

牛深は秋になると「漁の安全」「大漁」を祈願して地区ごとに祭りがあり、たびたび招かれた。それぞれの地区からの案内を支店で手分けして参加したが、特に素潜り漁が盛んな須口地区の祭りは楽しみだった。アワビやウニ、伊勢エビ等が食べ放題。ウニを食べる時は、箸ではなくスプーンを渡された。今この類いの祭りは、担い手が減って少なくなったと聞いている。

支店長代理というポジションは、支店ではナンバー2の立場である。支店長になったつもりで支店全体の運営に携わった。牛深での生活は地元の人が温かく接してくれ、なじむにつれ居心地の良い所だった。妻も魚料理を牛深でいろいろと学んだ。あっという間に2年が過ぎた。

牛深青年会議所の新年会。中央が筆者

⒇ 約束果たし、上熊本支店長に

新入行員として勤務した子飼橋支店で3年。開設準備委員として奮闘した谷山支店の7年余り。支店長代理として2年過ごした牛深支店。長女が牛深小3年、次女は4歳になり愛隣幼稚園に通っていた。

牛深ではさまざまな魚介類が手に入った。珍しいものでは「アコヤガイの貝柱」をご存じだろうか。アコヤガイは真珠の養殖用の貝である。浜上げの時に真珠を取り出した後の貝柱にありつけるのは稀（まれ）だ。牛深だけでしか味わえない珍味だった。

思えば〝陸の孤島〟という何とも失礼な先入観で赴いた牛深だったが、支店を後にする時は、お世話になった人たちから温かく見送ってもらい、10年ぶ

二月一日から普通銀行になりました。
よろしくお願い致します。
熊本銀行 上熊本支店
支店長
竹下 英
熊本市上熊本一丁目九ー四一
TEL 三二二ー五一五五
FXA 三二六ー六八六三
マザーズバンク
くまぎん

熊本相互銀行 牛深支店
支店長代理
竹下 英
牛深市牛深町二三八四の一
電話（〇九六九七）③二一七八番

支店長代理を経てついに支店長に

りに熊本市に戻った。

１９８７（昭和62）年４月の定期異動で私は上熊本支店長になった。勤続12年、36歳になったばかりの新米支店長だった。

当時、銀行には「支店長立候補制度」があり、「支店経営について」というリポートを提出していたので、それが評価されたのかどうか分からないが、思いがけない抜てきだった。

妻にプロポーズをする時、日赤病院の盆踊り大会の混雑の中、「銀行では支店長まではなる自信があるので結婚してください」と話した経緯があり、思った以上に早く約束が果たせたことがうれしかった。

赴任して早々に、全店支店長会議が本店であった。役員や支店長等の経営幹部が全員そろう会議の冒頭、新任支店長の紹介となった。自己紹介の後、緊張しながら抱負と決意を述べた記憶がある。

上熊本支店は、県立総合体育館に隣接する高層マンションの一角にあった。開設５年目の新しい支店で、行員は12人。支店長代理は高校の先輩だった。

住まいは牛深支店の時に将来、熊本に戻った時に住もうと思って住宅ローンを利用して合志市に一戸建ての住居を購入していた。ただ他人に賃貸中だったので、支店近くにマンションを借り、徒歩で通勤した。長女は壺川小に2回目の転校をし、次女は坪井幼稚園に移った。

着任後、行員との融和に加えて家族との触れ合いも大事だと考え、それぞれの家庭を訪ね、ご両親や奥さん、子どもさんたちにお会いしていろいろな話をした。

その後、支店開設5周年のイベントをやることになり、来店客にかき氷を振る舞うことにしたが、猛暑の中、行員の家族が総出で手伝ってくれた。大盛況でお客さまに喜んでもらったのは言うまでもないが、何より支店のチームワークがより増したような気がしてうれしかった。

旧上熊本支店（手前）。現在は崇城大学通り支店に統合された

㉑　支店は人と人の交差点

初めて支店長になった上熊本支店では、前任の牛深支店時代に牛深青年会議所で学んだ「組織運営」を実践した。

それは銀行の支店運営等には、極めて有効なマネジメント方法だった。それまでは各人が非効率にバラバラに働いていた仕事を体系化し、ミッションや役割ごとに幾つかの委員会を設置。委員長を決めて職位・職務・適性等を勘案して人員を割り振り、目標を決め、進捗（しんちょく）状況が全員に分かるように運営した。

委員会ごとにまとまり、競い合うことによって支店の業績にも貢献した。この組織運営は、他の部署等でも引き続き活用した。

支店には若い行員が多く活気のある職場だった。ある男子行員が結婚することになり、媒

仲人を務めた行員（横列）と

酌人をお願いしたいと言ってきた。慶事に立ち会えるのはうれしかったが、正直なところ、36歳の若輩者に仲人が務まるか不安だった。それ以上に妻も初めてのことばかりでかなり戸惑ったようだった。先輩等に教わりながら、結納、結婚式、披露宴を何とか務めることができた。

媒酌人はこれまで6組務めた。みんな仲良く暮らしているようで、仲人を引き受けて良かったと思っている。世の中は変わり、媒酌人を置く結婚式が減って、役を頼まれる支店長は今はほとんどいないようだ。

個人のお客さまと身近に接する機会が多い支店は、さまざまな人との交差点でもある。当然、いろんなことが起きる。苦情やトラブルにトップが尻込みしていたら問題はさらに拡大することになる。そんな現場を何度か見てきた。

ある時、窓口で「為替ミス」が発生した。手違いが重なり、結局、送金しなければならないお金が1日遅

1979年ごろの熊本相互銀行本店営業部（熊本相互銀行50年史より）

れてしまった。起きてはならない重大なミスだった。

当然、受取人からクレームがあり対応に苦労した。ミスの原因は一方的にこちら側にある。支店長としてお詫びに伺ったが、玄関を開けた瞬間、すぐに暴力団の事務所だと分かった。映画やテレビに出てくるような扁額（へんがく）やちょうちんが飾られていた。

「一体どのように決着するつもりなのか」、「ご迷惑をかけて申し訳ない」といったやり取りが1カ月ほど続いた。精神的にはきつかったが、本部等とも協議、相談を重ねながら、常に毅然とした態度で対応したことで、何とか収束した経験がある。

改めて事務処理の正確さが求められることを痛感した。肝に銘ずべき、苦い経験だった。

㉒ 悲願の普銀転換「熊本銀行」

1989(平成元)年2月1日。全国の相互銀行52行が一斉に「普通銀行」に看板を掛け替えた。当時の福岡相互銀行の四島司社長が全国相互銀行協会長として、長年にわたり「普銀転換」を強力に推進されてきた悲願がかなったのである。この日から「相互銀行」の名が消え「銀行」に衣替えした。既にある地方銀行協会と区別する形で「第二地方銀行協会」が新たに発足。代表者の呼称も多くの銀行で社長から頭取に替わった。

世間体が良くなったと感じた人もいたかもしれないが、金融仲介機能を通じて、地域経済の活性化に貢献するという地域金融機関の役割は何も変

熊本銀行の普通銀行転換式典。新しい看板の横で新行旗を掲揚した＝熊本市水前寺6丁目

わらない。看板だけが替わっても実態と行動が伴わなければ意味がないと思った。ほかの行員も同じ思いだったろう。

熊本相互銀行も「熊本銀行」になり、呼称は「くまそう」から「くまぎん」に変わった。熊本を代表するような銀行になろうというモチベーションに繋がったことは間違いない。

ここで当時の熊本銀行のことについて触れてみよう。銀行の発祥は1929（昭和4）年1月の設立に遡る。現在の本店ビルは普銀転換の5年ほど前、84年7月に熊本市水前寺6丁目の県庁通りに完成。一部8階建てで、手狭だった花畑町の本店から移転した。跡地には新たに熊本フコク生命ビルが建ち、ゆかりの地として1、2階に花畑営業部が、本店営業部と並び2大拠点として展開していた。相銀時代の87年10月に福岡証券取引所への上場も果たし、地域金融機関としての地歩を固めてきた。

熊相が福証に上場

初値790円でスタート

熊本相互銀行（永村俊次社長）が二日、福岡証券取引所に上場し、株式の売買が始まった。株価は最近の株式ブームにご祝儀相場も手伝って、初値は基準値より五十円高の七百九十円。まずまずのスタートを切った。県内の上場企業は五社目。

この日、福証の立会場には、「祝熊本相互銀行」の看板が掲げられた。福証の下村史理事長が「金融の国際化、自由化で競争が激しくなるなか、資本市場に参入されたことに敬意を表する」とあいさつ。永村社長を交えた関係者による恒例の〝博多一本締め〟で上場の門出を祝った。

午前九時、売買開始。買い注文二百二十六万七千株、売り注文十六万四千株、同規模他社を参考に設定した基準値七百四十円でスタート。しかし、買い気配は十円刻みでジリジリ上昇。初商いが七百九十円、出来高百六十三万四千株で、成立したのは前場の終了間際の同十一時二十四分。初値が前場の引け値となった。

熊本相互銀行が上場したことを報じる記事（1987年10月2日付　熊本日日新聞より）

私は初めて支店長として、上熊本支店で1年6カ月ほど勤めた後、89年4月に基幹店である花畑営業部の営業課長として赴任した。花畑営業部は50人を超える大所帯で、営業課には20人ほどの行員が在籍していた。旧本店営業部ということで、取引先は県内全域に点在し、熊本を代表する主要企業等を対象に営業を展開してきた。

私の仕事は個人中心の取引から、ここでは法人を主体とした仕事が多くなっていった。経験したことのない新しい分野の業務が体験でき、後々の仕事の幅が広がった。

当時、木村三紀男常務取締役が営業部長で、後に頭取に就任される日銀出身の池満淵（いけみつふかし）部付部長が在籍されていた。同期入行の田上篤副部長はじめ、部下には野村俊巳君（現熊本銀行頭取）、若松敬昭君（現熊銀執行役員）たちがいた。このメンバーで一緒に仕事をすることになった。

㉓　バブル過熱の影、崩壊の足音

花畑営業部には、後に頭取になられる日銀出身の池満淵部長と、同期入行の田上篤副部長が在籍していた。私を含め3人がこの後、不良債権処理という困難なミッションに立ち向かうことになるとは、この時はまだ知る由もなかった。

基幹店の花畑営業部には50人ほどの行員が在籍していた。この大所帯をまとめるには、牛深青年会議所で経験した「組織運営」が有効だということは、上熊本支店の実践でも確信していた。1階と2階のフロアでバラバラに動く多くの行員をまとめ、四つの委員会をつくりさまざまな業務にあたってもらうことにした。このマネジメントはこれまで以上に機能し、飛躍的に成果が上がるようになった。1年ほどして私は営業課長から部長代理に昇進し、営業部では部長、副部長に次ぐナンバー3

バブル景気の絶頂期、史上最高値を更新して取引を終えた東証立会場＝1989年12月29日

のポジションに就いた。

この頃のアフター5の過ごし方は、飲みに行くか、麻雀だった。まっすぐ自宅に帰ることはなく、ほとんどが午前さまだった。いま思うとよく体力と資金が続いたなあと思う。

当時は株式、不動産の価格がじわじわと上がり始めていた。それを担保にさらに取引が過熱し、連動して物価も上がっていった。投機によって中身や実体が伴わず膨張していく「バブル」という言葉が出始めていた頃だ。県内経済も同様に急膨張していった

1989（平成元）年12月には日経平均株価が3万8957円という最高値をつけた。土地の高騰が続き、地価は永遠に上がり続けるという「土地神話」を誰もが信じていた。熊本県内でもゴルフ場開発がめじろ押しの状態だった。会員預託金も一次募集、二次募集と、後になるにつれて高額となり、投機の対象となっていた。

90年3月、過熱を案じた大蔵省（当時）が銀行局長名で「土地関連融資の抑制について」（総量規制）の通達を出したことで流れが反転。日銀も金融引き締めにかじを切り、公定歩合が6％台まで引き上げられた。信用収縮が一気に進み、日本経済が一気に冷え込む、いわゆる「バブル崩壊」の始まりだった。大不況の足音がジワリと地方にも迫っていた。

私の花畑営業部での勤務は2年ほどだったが、ここでは大きな組織を束ねて一つの方向に

導いていくことの難しさと同時に、やりがいも感じた。PDCA（計画－実行－評価－改善）サイクルの実践、コミュニケーションの重要さ、誠実に対応することの大切さ等を改めて学んだ頃に、5度目の異動となる「人吉支店長」の辞令が待っていた。

普銀転換認可書の授与式（熊本銀行「60年の歩み」より）

㉔　しのぎ削ったライバル2行

銀行の歴史は合併の歴史といわれる。熊本銀行も幾多の合併、再編を繰り返し、今日の姿がある。この連載の後半はバブル経済崩壊で苦闘した私どもの銀行の話になるが、その前に少し銀行の歴史をたどってみたい。

県内にはかつて第二地銀である熊本相互銀行と肥後相互銀行があった。両行は１９８９（平成元）年２月１日に普通銀行に転換。熊本銀行と肥後ファミリー銀行と名前を変えた。さらに92年４月、国内でも注目の２行大型合併で預金量１兆１５００億円（当時）の熊本ファミリー銀行が誕生。その後、さまざまな難局を乗り越え福岡銀行と経営統合。ふくおかフィナンシャルグループ（ＦＦＧ）が軌道に乗った２０１３年４月に行名を現在の新生・熊本銀行にした。

旧熊本銀行の前身・熊本相互銀行は１９２９（昭和４）年に創業した熊本無尽に遡（さかのぼ）る。51年の相互銀行法の施行で、当時の大蔵大臣・池田勇人から免許状が交付され、本店を熊本市上鍛冶屋町から花畑町に移した。花畑公園の前に建つ現在の熊本フコク生命ビルの場所である。耐震耐火構造3階建ての新本店は、当時としては近代的なビルだったという。21の支店、12の業務取扱所を展開し、従業員は324人。無尽から相互銀行に変わり、預金・貸金の取り扱い範囲が広がり、高度経済成長の波にも乗って、業績は順調に拡大した。

1979（昭和54）年10月に創立50周年記念式典が熊本市民会館であり、入行6年目の私は、鹿児島の谷山支店から駆けつけた。上田浩社長（当時）が資金量2千億円を突破したと、あいさつで誇らしく述べたことを覚えている。

もう一つの肥後ファミリー銀行は、1933年に玉名郡高瀬町（玉名市）に設立された

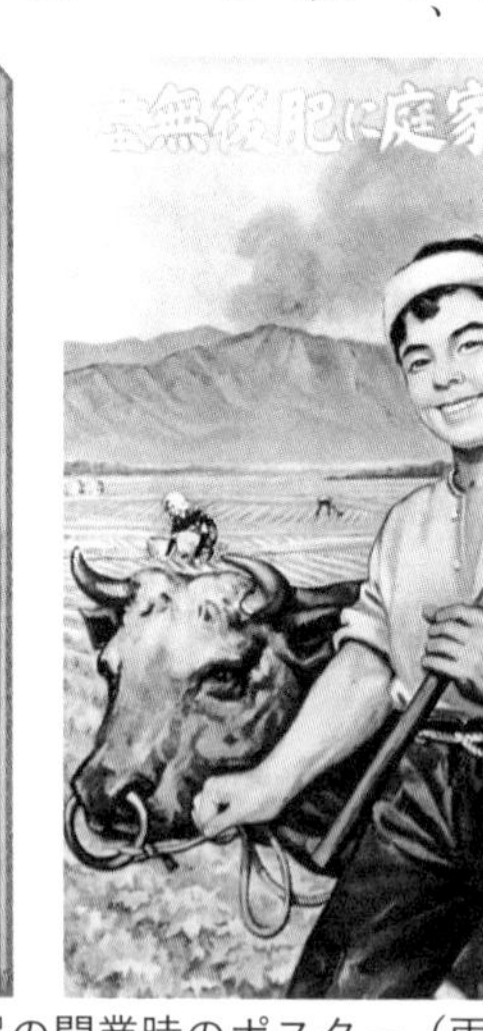

熊本無尽（写真左）と肥後無尽の開業時のポスター（両行の50年史、40年史より）

肥後無尽がルーツ。その後、城南無尽（人吉市）と合併。阿蘇無尽（阿蘇市）から営業譲渡を受け、業容を拡大させた。

相互扶助の精神に基づく庶民金融機関の必要性を感じ、熊本の財界首脳と図りながら創業したのが古荘健次郎氏（古荘本店2代目社長）である。彼らの尽力で51年に肥後相互銀行となった。

創立40周年を迎えた72年11月に、鉄筋鉄骨コンクリート造り、地下1階地上5階建ての新本店ビルを熊本市山崎町に完成させた。その社屋は熊本地震で大きな被害を受け、解体されたのは残念である。

両行は長くしのぎを削ってきた。ライバル関係にありながら、多くの先人たちの思いをつなぎ、メガ地銀の肥後銀行などとともに熊本の経済を支えてきたといえる。

熊本相互銀行（写真左）と肥後相互銀行（同右）の本社（両行の50年史、40年史より）

㉕　単身赴任で人吉支店長に

昭和が終わり、平成になって3年が過ぎていた。1991（平成3）年1月に花畑営業部の部長代理から、人吉支店長へ異動した。

異動の内示を家族に伝えると、長女が真っ先に引っ越しに反対した。長女は鹿児島、牛深、熊本と小学校を3度替わっていた。これ以上の転校は嫌だと言う。

次女も熊大附属小に入学することが決まっていた。支店長の立場上、通うことはできないので、初めて家族と分かれ、単身赴任することになった。とはいっても、人吉と熊本は九州自動車道で結ばれていたので90分ほどで行き来できた。大げさに単身赴任というほどのことでもなく、

人吉支店にいた頃の川辺川ダム建設予定地＝1991年、相良村藤田

いつでも帰れる距離にあった。

ご存じのように人吉は四方を山に囲まれた盆地で、町の真ん中を日本三大急流の一つ球磨川が流れている。そういう地形なので、秋から冬は朝から水墨画のように霧が立ち込めた。赴任したばかりの頃は、今日は曇っているなと思って傘を持って出ると、決まって雲一つない日本晴れになったりした。

支店は人吉市と球磨郡の町村をカバーし、広域営業で私も各地を飛び回った。五木村では「川辺川ダム」の工事が始まり、取り付け道路の建設やダム水没者の代替用地の造成等が進んでいた。五木はその後、ダム建設凍結の政治判断がなされ、さらに先の大水害で再び建設という話が持ち上がっている。翻弄（ほんろう）される住民の方々を気の毒に思う。

人吉球磨の取引先は、林業、農業、観光業、製造業と多岐にわたった。中でも温泉をベースにした観光業と、清らかで豊富な水の恵みで造る球磨焼酎を中心とした製造業が地元産業を牽引（けんいん）している。

私自身も熱烈な球磨焼酎のファンである。全国的にも珍しく一つのエリアに27の蔵元が点在し、２００以上の銘柄があるといわれている。どの蔵元も米を原料とし、豊かな地下水でもろみを蒸留して球磨焼酎を造り出している。それぞれのブランドが芳醇（ほうじゅん）な香りと深いコクを競う。

後年のことだが、２０１９（平成31）年3月に、第二地銀協の正副会長らでマネーロンダリングに関する海外視察の機会があった。英国、スペインの2カ国を訪問したが、在英日本大使館では駐英公使から「球磨焼酎や日本酒を海外展開される時はサポートしたい」という話があり心強く思った。

ところで地元には「人吉新聞」という日刊紙がある。発行部数も多く、私が新任支店長として赴任した時は同紙で大きく取り上げられた。蛇足だが、同紙は宝塚雪組の元トップスター轟悠さんの実家でもある。

やあ　よろしく

熊本銀行人吉支店長に着任した

竹下　英さん

前任の佐々木奉文氏（現八代支店長）と同期組で、熊本銀行の社是でもある〝心〟を大切に「人間味溢れる」人吉で頑張ることを誓った。語り口は穏やかで「礼を尽くし真心を持って接する」姿勢がうかがえる。

昭和二十六年一月十五日鹿本郡鹿北町に三人兄弟の長男として生まれた。鹿本高校から明治大学法学部へ進み、在学中はスキー部で鳴らした。四十九年同大学を卒業、同年熊本相互銀行（当時）に入社、子飼橋支店を皮切りに営業畑を歩む。鹿児島の谷山支店には（新店舗）開設準備委員会の一員として赴任、東奔西走。七年半の間に係長へ昇進した。牛深支店長代理、上熊本支店長を経て、花畑営業部へ本店営業部と並び大所帯を抱えている同営業部では、部長代理としてその辣腕をふるい部下の信望も厚かった。

新地・人吉では「顧客の気持ちで事にあたり、気軽に利用いただけるものにしたい」とゲタ履き感覚の支店作りを目指すと共に、地元浮揚を図っていくためには「地元の皆さんの相談には積極的に対応する」と地域金融機関として惜しみない協力を目指す。支店ではあいさつを基本に、職員同士が相談に乗れる和気あいあいとした雰囲気作りを心がけたいという。

今年の元旦、除夜の鐘を初めて打った。「厄入りをきっかけに、自分の意志をどこまで貫けるか試してみよう」と日に三箱は吸っていた煙草をやめた。隠やかさと共にそこには信念を曲げない頑固さといったものも見え隠れする。

趣味はゴルフ。焼酎は鹿児島時代から付き合っているが、「たしなむ程度」とか。

現在、妻の貴美代さんと中学一年、小学一年生の娘さんを熊本市の自宅に残して単身赴任。矢黒町字西園一八七六。

人吉支店長着任時に掲載された記事（1991年2月19日付　人吉新聞より）

⑵⑹ 仰天！ ライバル2行が合併

人吉の豊かな自然に触れ、素朴な人々と交わりながら半年が過ぎ、初めての単身赴任にも少し慣れた頃だった。

1991（平成3）年8月30日の暑い早朝。熊本日日新聞の朝刊を見ると「熊本銀行と肥後ファミリー銀行が合併」と1面トップで大きく報じられていて仰天した。熊日の特ダネだった。

県内のライバル行同士がまさか合併するとは…。支店長である私も行員も想像もしていなかった。びっくりしたが、地域金融機関の置かれている状況を考えた先手の経営判断だと思った。翌年の合併に向けて早速、合併準備委

平成3年(1991年)8月30日　金曜日　第17838号（日刊）

熊本日日新聞

熊本銀行、肥後ファミリー銀行

対等合併きょう調印

自由化にらみ来春発足

熊本銀行と肥後ファミリー銀行の対等合併を報じた紙面

員会が設置された。

人吉市内にも城南無尽からの流れをくむ肥後ファミ銀の支店があった。日ごろは鎬を削る関係だったが、昨日の敵は今日の友。すぐに互いの支店長が連携・協力していくことを確認し合った。

ところでこの年は、合併発表の翌月の９月27日に大型台風19号が長崎に上陸。県内も大きな被害を受けた年である。私はちょうど家族の元に戻ったところだったが、６階のマンションの玄関を開けたまさにその時、強風が通り抜け、奥のベランダの窓ガラスが粉々に割れてしまった。風が収まるまでしばらくは生きた心地がせず、自然の猛威を体感した。

合併記念式典は１９９２（平成４）年４月１日、合併後の新本店となる旧熊本銀行本店のロビーで行われた。行名は双方の名を合わせ、少し長いが「熊本ファミリー銀行」と決まった。私にとって入行して３度目の行名変更となった。

1992年1月、あさぎり会の新年会で挨拶する筆者

熊本県内の第二地銀同士の合併は、各方面に衝撃を与え、全国的にも注目された。旧大蔵省や日本銀行を含めた金融当局はもちろん、何より取引先等にも好意的に受け止められたと思う。私がいた人吉にも両行の支店があったが、最終的には旧肥後ファミリー銀行の支店に集約された。

合併を記念して各地で講演会が行われた。人吉には元ＮＨＫアナウンサーで、当時、県立劇場の館長を務めておられた鈴木健二さんが回ってこられた。鈴木さん司会の人気番組「クイズ面白ゼミナール」方式の講演で、私が総合司会を務めた。会場の人吉カルチャーパレスは満席となった。

合併したことで、銀行ごとにあった取引先との親睦会も統一した方が良いということになり、新たに「あさぎり会」という会をスタートさせた。この会は現在も受け継がれている。

両行の合併は、規模拡大による収益基盤強化を目的としたものだった。だが、実際は景気低迷が長引き、不良債権処理が旧行時代の分も含め、重くのしかかることになる。

㉗ 〝博チョン〟生活を楽しむ

熊本ファミリー銀行誕生から1年が経ち、人吉での単身赴任も2年余りが過ぎようとしていた時、福岡市の博多南支店に異動することになった。人吉市内のホテルで盛大に送別会を開いてもらい、温かい見送りを受けて旅立った。

博多に住むのは大学浪人の時以来だ。福岡はあの頃よりさらに変貌していた。今回も単身赴任の生活が待っていたので、悲壮感の中で受験勉強をしていた時とは違い、「しっかり〝博チョン（博多への単身赴任者）〟ライフを楽しもう」と思った。同じ時期に赴任した坂本俊宏係長（現熊本銀行常務）の車に同乗して、週末

媒酌人を務めた坂本係長の車に同乗して福岡と熊本を往復したことも

に熊本を往復することもあった。

当時、熊本ファミリー銀行は福岡市内に6支店を展開していたが、合併に伴う支店の統廃合が急務となっていた。責任者として常務取締役が福岡支店に常駐することになった。

私の博多南支店は博多駅の筑紫口近くにあった。新幹線駅ができるまでは、一面に桑畑が広がっていたそうだ。そういった土地の所有者が貸しビルを造り、テナント事業を生業（なりわい）としている取引先が少なくなかった。

この頃から支店長として、目先の業績も大事だが、それ以上に人材育成が重要だと感じ、これまでのいろいろな経験や失敗談をさまざまな機会に語った。当時の部下だった後輩たちが現在、責任あるポストで活躍しているのはうれし

大相撲九州場所に両親と学伯父を招待した

い限りである。

福岡市内の六つの支店は段階的に三つになり、最終的には福岡支店に集約された。合併・統合の難しさは、後に福岡銀行と経営統合する時と同じである。単に店舗の集約という話ではなく、行員同士の融和や取引先への丁寧な説明、お客さまの理解が何より必要であることがよく分かった。

ところで博多では毎年11月に大相撲九州場所が行われる。ある時、相撲が好きな社長に誘われ、春日野部屋の朝稽古（あさげいこ）を見学する機会があった。稽古の後に、同じ明治大出身の栃乃和歌関（現春日野親方）と一緒に、ちゃんこ鍋を囲んだ思い出がある。また別の機会には大相撲好きの両親と伯父を招待して、親孝行のまね事みたいなことをしたこともあった。

博多での勤務が2年になろうとしていた１９９５（平成７）年１月17日早朝、阪神淡路大震災が発生した。テレビに映し出される惨状に呆然となりながら、日本はこれからどうなっていくのだろうと絶望感に襲われた。同時に、このような非常時に銀行にできる役割は何か、真剣に考えさせられた。

㉘ バブルの後始末に悪戦苦闘

熊本地震と同じ震度7の猛烈な揺れに襲われた1995（平成7）年1月の阪神淡路大震災。神戸市を中心にした一帯は甚大な被害に見舞われた。犠牲者は6千人を超え、当時としては戦後最悪の自然災害となった。

これまでに日本は「東日本大震災」をはじめ、台風・豪雨、地震、土石流、火山噴火など相次いで大規模な自然災害に見舞われてきた。地域金融機関に身を置く一人の銀行マンから見ても、「災害大国」ともいえるこの国で、復興を支えてきた金融の役割は小さくないと思っている。

自然災害が起こる度に、全国の地域金融機関は、被災地の復興、再建に向け、さまざまな伴走型の支援を行ってきた。身近な所で大災害が起きたら、どのように対処すべきか。そう

審査部にできた事業再生チームのメンバーと。左から2人目が筆者

いう視点でテレビや新聞の報道を見てきたつもりだ。

阪神淡路大震災が発生して2カ月余り経った頃、後に頭取となられる池満淵常務から突然連絡が入った。「4月の異動で審査部の部長代理として本部に来てもらうことになった」という内示だった。

当時、バブル経済崩壊に伴う不良債権処理等が全国の金融機関の喫緊の課題となっていた。熊本ファミリー銀行も、旧熊本銀行系の熊本総合ファイナンス、旧肥後ファミリー銀行系の肥後ファミリーファイナンスという系列ノンバンク会社を抱え、主に不動産向けの融資を展開していた。

2社は母体行を中心に、日本興業銀行、日本長期信用銀行、日本債券信用銀行をはじめ、複数の金融機関から資金を調達し貸し出していた。

私に与えられたミッションは「系列ノンバンク会社の再建計画の策定及び実施」だった。系列ノンバンクに出向していた同期入行の田上篤君と二人三脚で、取引金融機関を一つ一つ訪ねて回った。再建計画の説明と支援の要請に頭を下げて回る毎日。金利減免や返済猶予等の交渉は一筋縄ではいかず、難航を重ねた。紋切り型の門前払いに近い対応で、文字通り悪戦苦闘の連続だった。

再建のカギを握っていたのが不動産市況だったが、低迷が予想以上に長引き、回復の見通しは厳しかった。連動して貸出先の経営状態も好転せず、ノンバンクだけでなく熊本ファミ銀の業績回復の道のりも、極めて厳しいものがあった。

ついには再建計画を進めること自体が困難という判断になり、最終的には系列ノンバンクの清算に踏み切らざるを得なくなっていくのである。

熊ファミ銀

過去最高160億円償却

住専向け損失響く　初めての赤字決算

熊本ファミリー銀行（原和哉頭取）が二十八日発表した平成八年三月期決算は、業務純益が過去最高だったものの、金利低下と住宅金融専門会社（住専）向けを中心とする不良債権の償却が響いて減収減益だった。当期損益では初の赤字を計上した。

一般企業の売上高に当たる経常収益は二・〇%減の六百二十九億三千三百万円。本業のもうけを示す業務純益は一八・五%増の百六十七億一千五百万円。運用利回りの低下を有価証券の売却益でカバーした。

経常利益は七億五千九百万円で八二・八%の大幅な減少。住専向け債権の損失見込み額百二十七億三千二百万円を有税で間接償却するなど、不良債権の償却額は過去最高の百六十億八千七百万円に上った。

税負担が重く、当期損益は六十三億二千三百万円の赤字。前期は十九億二千二百万円の黒字だった。期末配当は二円五〇銭継続。役員賞与を返上。四月から役員報酬を一割カットしている。九年三月期は減収増益の見込み。

八年三月期の預貸金期中平均残高は、預金が一兆二千四十一億六千三百万円で四・三%増、貸出金は一兆六百二十億七百万円で三・七%増だった。

不良債権総額598億円に　3月期末

熊本ファミリー銀行は二十八日、破たん先と延滞、金利減免を含む平成八年三月期末の不良債権全額を開示した。総額は五百九十八億二千八百万円で、貸出金に占める割合は五・三九%だった。

このうち住宅金融専門会社（住専）向け債権の損失見込み額は全額を引き当て済み。これを除くと、不良債権額は三百九十一億六百万円で貸出金に占める割合は三・五二%となる。

同行によると、このうち八二・七%に当たる三百二十三億四千万円は貸倒引当金や不動産担保などでカバーされている。原和哉頭取は「今後二、三年の間に不良債権の償却を終わりたい」と述べた。

内訳は、破たん先債権が百十四億四千七百万円で前期比二十七億二千四百万円の増加。初めて開示した延滞債権は百四十五億一千百万円。金利減免債権は三百三十八億七千万円（住専向けを除くと百三十一億四千八百万円）で、このなかには系列ノンバンク（熊本総合ファイナンス）向け債権九十三億円を含んでいる。

森山専務が副頭取昇格

熊本ファミリー銀行は二十八日、森山文男専務が副頭取に、池満洲常務が専務に昇格する役員人事を内定した。六月二十七日の株主総会と取締役会で正式に決める。

同行は先に山内新・会長が相談役に退き原和哉頭取が会長に、加登住道副頭取が頭取に就く人事を内定していた。原会長から池満専務まで四人が代表権を持つ。また、梶原一康取締役が常務に昇格。新たに、中村征洋・川内支店長が取締役に、中村公重・鹿児島支店長が監査役に就く。久枝盛高常務は退任する。

中村　征洋氏（なかむら・ゆきひろ）福岡大卒。昭和40年肥後相互銀行に入り、平成2年営業本部主任推進役、4年旭中央通支店長、5年7月から川内支店長。鹿児島県出水市出身。53歳。

中村　公重氏（なかむら・きみしげ）出水高卒。昭和36年熊本相互銀行に入り、平成2年営業本部管理部長、5年鹿児島・宮崎地区本部長、6年4月から鹿児島支店長。水俣市出身。53歳。

熊本ファミ銀の赤字決算を報じる記事（1996年5月29日付　熊本日日新聞より）

㉙　銀行は企業ドクターであれ

１９９０年代のバブル経済の崩壊後、多くの金融機関は不良債権処理でかなりの経営体力を消耗した。その現場にいた一人として、私たちはさまざまなことを経験し学んだ。

一般的に銀行は将来の貸し倒れに備え必要な引当金を積む。だが、その引当金で対処できないときは、内部留保を取り崩して充当しなければならない。ただそれも限界を超えると、公的資金導入等を含めた種々の経営判断が求められる。

事業会社が経営に行き詰まる理由はさまざまだ。販売不振、連鎖倒産、放漫経営、信用性の低下など―。事業が不振に陥ると、早晩資金繰りは厳しくなる。この時、金融の出番になるわけだが、「貸すも親切、貸さぬも親切」と言われるほど、銀行の融資判断が大きなポイントになる。追加融資が必要か、返済猶予等の措置で支援するか―。さまざまな判断を経営者とよくコミュニケーションを取って決めていかなければならない。

「融資しなければ取引をやめる」と言われるのもよくある話だ。借りる側も生き残るために必死なのだ。現場の銀行員も真剣勝負。直視すべき現実をきちんと示し、納得の得られる説明をする技量が問われる。

事業価値を見極める「目利き」も大切だ。事業そのものに価値が無くなったのか、一部に残すべき価値があるのかを冷静に分析。状況によっては「事業再生」という選択もある。バブル経済崩壊の時期、県内でも多くの企業が窮地に陥ったが、不動産、小売、流通等さまざまな企業で一部事業を存続させ、社会的損失を最小化させた例は少なくない。

一方で破綻先からの貸金回収は銀行の重要な業務である。融資した資金の原資は、不特定多数の方から預かった大切な預金だからだ。回収の最大化に努めることは金融機関の大事な責務なのである。担保処分、保証履行等はそのために必要な業務の一環である。

人に寿命があるように会社も生き物で寿命がある。だから病状によっては治療や手術が

熊本日日新聞　平成9年(1997年)11月25日　火曜日

〝負の遺産〟に山一沈没

「断腸の思い…」

青ざめ、涙流す社長

政府対応いつも後手／改革の道筋ハッキリと

識者談話

経営陣

自主廃業発表の記者会見で質問に答えながら涙を見せる山一証券の野沢正平社長＝24日午後、東京・日本橋兜町の東京証券取引所

1997年11月、経営に行き詰まった山一証券の自主廃業を伝える熊日紙面

必要になる。その点で金融機関は、コロナ禍に立ち向かう医療機関と似ているかもしれない。私たちは企業ドクターとして、その役割を担っているという自覚を持たなければならない。

医療現場では今、対症療法から予防医療への転換が求められている。金融の現場でも、必要なら速やかな金融支援は欠かせないだろう。他方で、過度な融資支援に偏重せず、事業の成長性に着目し、愚直に取引先に伴走していくことが重要だと思う。これは不良債権処理に当たった私たちから後進への伝言でもある。

寿屋が再生法申請

九州最大手スーパー

自力再建を断念

社員1万3000人　営業は継続

グループ負債2000億円

多額の負債を抱え、経営再建を進めてきた九州最大手スーパー、寿屋（熊本市、資本金六十八億千七百万円、須藤和[illegible]社長）を中心としたグループ十三社は十九日午前、熊本地裁に民事再生法の適用を申請した。同地裁は財産保全命令を出し、寿屋の店舗は営業を継続する。県内での上場企業の事実上の経営破たんは戦後初めて。グループの負債額は約二千億円で、九州では過去最大となる。【3面に関連記事】

民事再生法の適用を申請した寿屋の本部＝19日、熊本市本荘

再建の切り札と位置付けていた中堅スーパー、サンリブ（北九州市）との包括提携交渉が難航。ここにきて一気に信用不安が高まり、自力での再建は困難と判断した。

景気後退が長引く中で、地域有力企業の経営破たんは、パートを含め約一万三千人の社員の雇用問題に加え、取引先企業の経営にも影響を与えるのは必至。関係する自治体なども含めて早急な対応を迫られそうだ。

同社は主取引行の西日本銀行（福岡市）の支援を得た上で、九月、サンリブと包括提携することで基本合意。同社で構成する構造改革委員会で再建計画案をまとめ、「企業の私的整理（債権放棄）指針」に沿った再建を目指していた。

しかし、店舗閉鎖や人員削減、約四十のグループ企業の再編など、サンリブの意向を反映した再建計画案に、寿屋が難色を示し、提携を柱とした再建スキームがとん挫した。取引先や市場からの信用不安も広がり、西日本銀行も支援継続は困難との判断に傾いた。

今後、民事再生法の下で再生計画を策定。同時に新たな支援先も探すことになるとみられる。パートを含む約一万三千人の社員や、百三十四店舗の大規模な削減などは避けられない見通し。

寿屋は一九四七（昭和二十二）年、大分県佐伯市で創業。法人化後、六八年に本社を熊本市に移転。七三年に福岡証券取引所に、七六年に大阪証券取引所に上場した。

店舗拡大の一方で、競争激化や消費低迷から業績が急速に悪化。ここ数年は人員削減などのリストラを強化し、負債削減に努めてきた。しかし、売り上げ減少に歯止めがかからなかった。

二〇〇一（平成十三）年八月中間決算では四年連続の最終赤字を計上。単体で七十六億円、連結ベースで百四十八億円の債務超過に陥っていた。有利子負債は連結ベースで約千七百億円。

民事再生法　旧和議法に代わり、二〇〇〇（平成十二）年四月に施行された新法。企業再建を迅速に進めるのが狙い。和議法や会社更生法は破たん状態にならないと裁判所に再建の申し立てができないが、民事再生法では破たん前でも申請が可能。申請と同時に企業の財産は保全され、経営者は事業を継続しながら再建計画を作ることができる。

九州最大手スーパー「寿屋」の民事再生法の適用申請を報じる熊日紙面（2001年12月19日付夕刊より）

⑶0 〃戦友〃の死、涙ながらに弔辞

バブル経済の崩壊で熊本ファミリー銀行本体も系列ノンバンクの清算等を含めた不良債権処理の費用が大きな重荷となっていた。じわじわと経営体力を削られていったのである。先行するメガバンクの例のように、いずれ公的資金の導入が必要になるのではないかと感じ始めていた。

私自身も系列ノンバンクや県内外の大口融資先を担当し、再建計画の策定及び経営改善のサポートをする緊張感のある日々を送っていた。これまでの仕事は、努力すれば結果はついてくると信じてやってきたが、与えられた仕事は全くそうではなかった。どんなに挑んでも跳ね返されてしまう。無力さを感じることが多かった。その負荷で体力・気力を少しずつ消耗していくのが分かるほどだった。相談できる人も少なく、孤独感さえ味わっていた。

同じ現場で働いていた〃戦友〃ともいうべき、同期入行で系列ノンバンクに出向していた田上篤君は、ついに体調を崩し、44歳という若さで亡くなった。末期の胃がんだった。後で聞いた話だが、職場にあった常備薬の胃薬が、いつの間にか無くなっていたそうだ。

彼は一縷の望みを託し、佐賀の漢方医まで頼ったが及ばなかった。ずっと一緒に仕事をしてきたが、互いに健康を気遣う余裕はなかった。病院に行く時間も惜しんでいたのかと思うと悔しくて仕方なかった。「たーさん」「たけちゃん」と呼び合い、心から尊敬できる優秀な行員だった。

彼の葬儀は多くの銀行関係者や取引先の人が参列して執り行われた。弔辞は加登住道頭取（当時）と私が読み上げた。途中で涙が止まらず、何度も言葉に詰まった。会場のあちこちからも嗚咽する声が聞こえてきた。

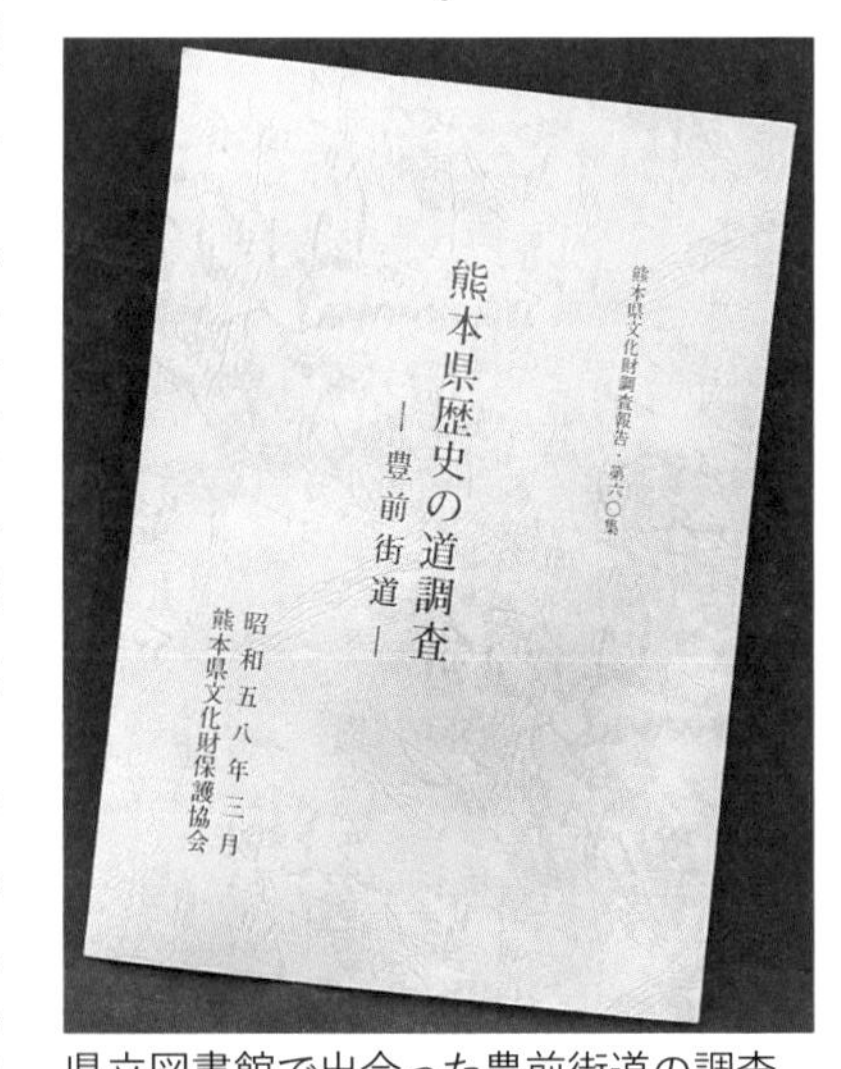

県立図書館で出合った豊前街道の調査報告書。歴史への関心が広がっていった

私自身も仕事の合間に何か気分転換が必要だと思うようになった。仕事をする上でオンとオフの切り替えが大事だということは、これまで部下には何度も口酸っぱく話していたことだった。

以前から「歩くこと」と「郷土の歴史」には興味があったので「歴史の道」を歩いてみよ

う と思い立ち、県立図書館に足を運んだ。江戸時代の参勤交代に使われた豊前街道について調べた。当時、街道がどこを通っていたのかをまとめた県教育委員会の報告書を見つけた。

熊本市北区四方寄町にある「御馬下（みまげ）の角小屋」は、庄屋堀内家の建物である。参勤交代の際、細川・島津藩主や西郷隆盛らが休憩で立ち寄ったといわれるお茶屋跡だ。歴代の藩主たちが何を思い通ったのであろうかと思いを巡らせていると、しばし仕事のことを忘れられた。

当時の街道は、今は国道になっていたり、田畑のあぜ道になっていたり、既に消滅している所も何カ所かあった。図書館の資料をコピーして、休みの日に街道を歩くと、途中にはさまざまな史跡等が残されていて新鮮な驚きだった。

豊前街道沿いにある「御馬下の角小屋」

田上君への弔辞より一部抜粋

ここに謹んで故田上篤君のご霊前に最後のお別れの言葉を申し述べます。たーさん、あなたとは、昭和49年に入行以来、20数年苦楽を共にしてきた間柄であり、私にとっては掛け替えのない友人でした。

私が、今日こうしてあなたに追悼の言葉を捧げることになろうとは、思いもしなかったことで、まだ気持ちの整理が出来ていません。

今日は、大勢の方々がたーさんのお見送りに見えていますけれども、あなたは上司にとっては良き参謀であり、同僚、部下にとっては何でも話せる相談相手であり、お客様にとっては、適格なアドバイザーでありました。そして、ご家族にとっては、良き父であり、夫であり、頼りになる息子だったと思います。

(中略)

見舞いに行くたびに、いつも仕事のことを気にかけ、私を気遣ってくれたたーさんには、只々頭が下がり、感謝の気持ちで一杯です。

ただ、何と言っても、44歳という若さで、今からという時に、お父様に先立つ心残りもあり、無念のことと思いますが、あなたの意思は最大の理解者である奥様と二人のお子様、そして私たちが必ず引き継いで行きます。

いま、無二の親友をなくし、私は途方に暮れるばかりですが、（中略）どうぞ安らかにお眠りください。たーさんのご冥福を祈り、お別れの言葉とします。

合掌

平成9年1月30日

友人代表　竹下　英

(31)「検査・考査」、審査部で対応

１９９２（平成４）年４月に熊本県内の第二地銀、熊本銀行と肥後ファミリー銀行が対等合併して生まれた熊本ファミリー銀行は、全国でも他に例を見ないケースとして注目された。同規模２行の対等合併であり、当初の役員数、役職等は基本的に同じ。支店の人事も当初はタスキ掛け（相互交流）が多かった。リース、保険、カード等、重複する関連会社の統合、店舗の統廃合も少しずつ進んでいった。

合併から４年余りが過ぎた頃、原和哉頭取が体調を崩されて退任。96年10月に元大蔵省出身の加登住道頭取が後任に就かれた。

その２年後の98年７月、池満淵頭取が後を引き継がれた。日本銀行を退職して熊本銀行に入られ、花畑営業部で

熊本ファミリー銀行の看板お披露目＝1992年4月

は一緒に仕事したこともあり、頭取就任はうれしかった。その一方で大変な時期にトップに就かれたという思いが正直あった。

入行してから博多南支店長までの20年間、私はずっと営業現場を歩いてきた。3店の支店長を経験したものの、銀行の経営課題等については、恥ずかしながら疎かった。銀行の抱えるさまざまな課題がはっきりと見えるようになったのは、本部の審査部勤務になってからである。

どの銀行でも、金融監督庁（当時）の検査が定期的に、時には抜き打ちで実施される。立ち入り検査はほぼ1カ月続き、対応には相応の時間とストレスがかかった。

各支店長は検査官に営業店概況を説明し、その後、取引先ごとに「債務者区分」が決まる。

審査部の同僚たちと。後列右から2人目が筆者

貸出金が「Ⅰ・Ⅱ・Ⅲ・Ⅳ」に厳しく分類され、貸出金だけでなく銀行が保有する株式、債券、不動産等の全ての資産が査定される。その後、役員及び部長とのヒアリングがあり、最終的に銀行の健全性及び収益性等について主任検査官から講評がある。こうしてようやく立ち入り検査が終了する訳だが、その後もさまざまな指摘事項について、定期的に地元の財務局等からヒアリングを受ける仕組みになっている。

「中央銀行」と言われる日本銀行の考査もほぼ同様に行われる。考査の方が幾分指導的な側面はあった。

両者はこのような検査、考査を通じて、金融機関の健全性、収益性、経営体力等を常に把握し、さまざまな監督、指導を行うことになっている。「倍返し」で人気のテレビドラマほどではないが、「検査」「考査」は銀行にとって緊張する場面ではある。

⑶² 公的資金導入へ極秘チーム

熊本ファミリー銀行本店の審査部にいたある日、「公的資金対応チーム」への参加を池満淵頭取から命じられた。行内でもこのチームの存在は極秘扱いだった。私は系列ノンバンクを含めた関連会社の担当審査役だったので、当然の役目だった。

チームの動きが外部に漏れて銀行に信用不安を惹起（じゃっき）させることは絶対許されない。東京への出張目的は家族にも告げられなかった。霞が関では取材記者を避けるため、銀行バッジを外して庁舎裏口から入った。それほどギリギリの交渉だった。

熊本ファミ銀

公的資金300億円申請

早期の基盤強化目指す

熊本ファミリー銀行（熊本市、池満淵頭取）は二日午前、公的資金による資本増強を金融再生委員会に正式申請した。申請額は三百億円。月内に実施する第三者割当増資を含む資本増強は四百四十億円に上る。早期に財務基盤を強化するのが狙いだ。

再生委が認めれば、地方銀行、第二地方銀行としては六行目の公的資金注入となる。資本増強により、経営の健全性を示す同行の自己資本比率は四・七四％（九月末）から八・五三％に高まる。

熊本ファミリー銀行は申請に伴い、店舗統廃合をはじめ人員削減、他行とのコンピューターシステム共同化などのリストラや収益強化策を盛り込んだ経営健全化計画（平成十一―十四年度）も再生委に提出した。再生委は同行からの意見聴取や健全化計画などを審査した上で、今月半ばにも注入を正式決定。優先株の配当利回りなどの条件を決める。

公的資金の払い込みは、同行の株主総会で優先株発行枠拡大の定款を変更する必要があるため、来年二月末が見込まれる。

二日午前、申請のために東京・霞が関の再生委を訪れた同行の池満淵頭取は意見聴取後、会見に臨み、「資本増強によって財務基盤の強化を図り、地域金融機関として地元経済の発展に貢献していく。全役職員が一丸となって業務の再構築などによる経営効率化を進めたい」と語った。

金融再生委員会への申請を終え、会見する熊本ファミリー銀行の池満淵頭取＝2日午前、金融再生委員会会見室

熊本ファミ銀が公的資金を申請したことを報じる記事（1999年12月2日付　熊本日日新聞夕刊より）

公的資金導入で国の窓口になったのは金融再生委員会（柳澤伯夫委員長）だった。メンバーは金融監督庁（当時）や日本銀行の担当者、公認会計士などを集めた混成軍。担当役員をヘッドとする私たち5～6人は毎回、指定された所に呼ばれた。極秘交渉のため、時によって場所は変えられ、「経営健全化計画」について水面下の協議を重ねた。

余談だが、当時は北海道銀行も同時期、公的資金を受けたが、彼らの動きは全く見えなかった。それほどマル秘の協議だった。

熊本ファミ銀に対するヒアリング内容は多岐にわたった。２００３（平成15）年３月期までの３カ年収益計画のほか、役員数、役員報酬額、従業員数、人件費、店舗数などのリストラ計画が主だった。行員の削減数は２４０人、店舗は11店削減などの厳しい内容となった。

さらに計画の実現性、妥当性等についてエビデンス（裏付け、証明）が求められた。ふだん顧客から融資の相談を受ける時と全く逆の立場だった。

３カ月間、５～６回にわたるギリギリの事務レベル協議がようやく終わった。１９９９年11月、金融再生委の予備審査、代表者ヒアリング等を経て、経営健全化計画は12月に正式承認された。翌年、公的資金３００億円と優先株式１００億円による自己資本の増強が図られ、4月から「３カ年経営健全化計画」が始動した。

私の審査部勤務は通算8年に及んだ。部長代理から部長に昇格し、02年には執行役員に登用された。さらに1年後の03年6月の株主総会で取締役に選任された。

審査部の在籍が長くなっていたのを気にされたのか、池満頭取から「取締役になったのを機会に、花畑支店長として現場の空気を吸ってこい」と言われ、久しぶりに現場に出ることになった。この頃県外から帰省した2人の娘と支店長室で撮った写真を大事にとっている。つかの間のホッとした時間だった。

花畑支店長室で執務する筆者

⑶ 出口の見えないトンネル

２０００（平成12）年3月、国からの公的資金３００億円導入と、１００億円の優先株の引き受けで、熊本ファミリー銀行は健全性を取り戻した。優先株を多くの地元経済界の方々に引き受けてもらったことは、「まだまだ地元の金融機関として頑張って」というエールを送られたと思った。今もそのことは感謝している。

一方で当局から、「経営の健全化の為の計画」に沿った収益計画の履行を一層厳格に求められた。近畿財務局の谷川浩道金融安定監理官（当時）から、定期的にフォローアップのヒアリングを受けた。その谷川氏が後

熊本ファミ銀

「全行挙げて業務改善」

金融庁から業務改善命令を受けた熊本ファミリー銀行の池満淵頭取は一日、「命令の内容にのっとり速やかに業務改善計画書を作成し、全行を挙げてその実現を目指す」とのコメントを発表した。

今後は同庁の指導を受けながら二十九日までに業務改善計画を取りまとめる。二年ごとの見直し時期を迎えている経営健全化計画も、九月上旬をめどに公表する方針。

同行の二〇〇三（平成十五）年三月期決算は減収増益で、最終利益は前期比24・7％減の十二億八百万円。経営健全化計画で見込んでいた四十九億円の約25％にとどまった。

収益力の指標となるROE（株主資本利益率）は14・17％。目標の17・89％には届かなかったものの、達成率は79・2％で〝三割ルール〟はクリアした。

同行は収益悪化の理由について「保有株式の減損処理や不良債権処理を進めたほか、外形標準課税の導入に備え、繰り延べ税金資産の算入を厳格化したため」と説明。

不良債権処理に関しては「大手スーパーの相次ぐ破たんなどによる想定外の処理増が響いた」としている。

同行は二〇〇〇年三月、金融機能早期健全化法に基づいて整理回収機構から三百億円の公的資金の投入を受けた。

熊本ファミ銀が業務改善命令を受けたことを報じる記事（2003年8月2日付熊本日日新聞より）

に西日本シティ銀行の頭取（現会長）に就任されたとの報道を聞いた時はびっくりした。

ご存じのように県内には肥後銀行という県内シェアのほぼ半分を占めるメガ地銀がある。一般的な評価の声を借りれば、堅実な融資方針の下、当時はあまりリスクを取らないといわれていた。

他方、熊本ファミ銀は多少のリスクはあっても支援してくれるという市中の評価があったのは事実だろう。熊本には、互いに競い合う複数の地域金融機関が欠かせないという声があり、そういう皆さんたちが優先株を引き受け支援してくれたと思っている。

公的資金導入の影響で、賞与等が大幅に減額されることになった。これを機に銀行を辞めて転職する行員もいたが、多くの人は自分の持ち場を守り、業務に専念してくれた。取引先、そして地域のためにも、この苦境を何としても乗り越えなければならないという熱い思いがあった。

だが、バブル経済崩壊による資産（不動産）価値の下落、県内有数の取引先の相次ぐ経営破綻等の影響は、想像以上に深刻だった。出口の見えないトンネルを歩んでいるようにも感じていた。残念ながら「経営の健全化の為の計画」も思うようには進まなかった。
03、04年には、業績が経営健全化計画で定めた収益目標を下回ったとして金融庁から2度、異例の業務改善命令を受け、一層の収益改善策を盛り込んだ業務改善計画の提出を求められた。

　計画履行が一段と厳しい状況となり、04年6月に開かれた株主総会で、171億円の赤字決算及び優先株を含む株式の配当見送りの責任を取る形で、7年間務められた池満淵頭取と代表権を持つ2人の専務取締役が辞任された。銀行のトップスリーが同時に退任されるという極めて異常な状況だった。振り返るとこの時期が、銀行にとって最大の危機だった。

2004年3月期決算の業績予想修正を発表する池満淵頭取

(34) 極秘プロジェクト「つばめ」

2004(平成16)年6月に開かれた株主総会で、池満淵頭取と代表権を持つ2人の専務取締役が辞任された。池満頭取は後任を日本銀行に要請され、日銀出身の河口和幸氏が頭取に就かれた。

河口頭取は地元出身で熊本大を卒業。日銀を退職された後、福岡銀行協会の常務理事等を歴任されていた。新頭取に課せられた責任は「経営の健全化の為の計画」の確実な履行だったが、銀行を取り巻く環境は依然として厳しく、計画の進捗は思うように進まなかった。緊張感のある日々が続いていた。

私は花畑支店長から1年で再び銀行本体に戻ることになった。審査管理部門の担当役員として、不良債権処理と事業再生を両輪で進めながら、同時に与信費用の適正な管理が求められる難しい任務が待っていた。

トップラインの業務純益の確保については、営業部門に対して一段のギアが入った。しかしながら、かつて安定業種とされた銀行が不況業種の一つと言われるほど、金融機関を取り巻く環境は好転することなく厳しい状況が続いた。公的資金導入時に策定した経営健全化計画にも、手詰まり感がぬぐえなかった。

このような中、水面下では後に全国の注目を集めることになる福岡銀行との経営統合の話が進められていた。双方の頭取と企画担当部長だけによる極秘のプロジェクトだった。プロジェクト名は、当時、福岡と熊本を結ぶＪＲ特急つばめの名にちなんで「つばめ」と呼ばれた。

河口頭取は、福岡銀行協会の常務理事の頃から、福岡銀行の谷正明頭取と親交があり、そのような人間関係が交渉の伏線としてあったのかも知れない。

超がつくほどの極秘交渉は一歩一歩確実に進められた。経営の独自性、企業カルチャー、株式交換比率など課題は山積していたが、「現状を打開するに

極秘プロジェクト「つばめ」が始動した頃の熊本ファミリー銀行役員。前列右から2人目が筆者

は福岡銀行との経営統合が唯一の選択肢である」と私を含め役員の意見は徐々に収斂(しゅうれん)していった。

２００６（平成18）年5月12日に、熊本ファミリー銀行と福岡銀行との「業務・資本提携に関する基本合意」が結ばれることとなった。

新たに設立する共同持ち株会社の傘下に2行が入る、全国でも初めての取り組みである。総資産8兆9千億円（当時）。既に九州では04年10月、西日本銀行と福岡シティ銀行が合併した西日本シティ銀行が誕生していて、金融地図が大きく塗り変わろうとしていた。

熊ファミ、福岡銀 統合へ

来春、持ち株会社

両行合意 総資産8兆9000億円

水俣病被害者 救済チーム設置

自公両党 政治決着 模索へ

熊本ファミリー銀行と福岡銀行が経営統合することで合意したことを報じる熊日朝刊

㉟ 経営統合で「ＦＦＧ」誕生

極秘の水面下交渉を経て２００６（平成18）年５月12日、熊本ファミリー銀行と福岡銀行との「業務・資本提携に関する基本合意」が結ばれた。難航した株式交換比率は福銀株１に対し、熊本ファミ銀株０・２１７で決着した。熊ファ銀側の株主、行員等に不満はあったが、状況を鑑みればやむを得なかった。

その年の暮れ、両行の臨時株主総会での承認を受け、07年４月２日に「ふくおかフィナンシャルグループ（ＦＦＧ）」が正式発足した。これで懸案の公的資金の返済にようやく目途（めど）が立った。優先株についても返還の見通しが立ち、

FFGの設立記念式典＝福岡市の福岡銀行本店

長いトンネルをやっと抜け出たような気がした。

「経営統合」という新しい取り組みに、金融界には衝撃が走った。過去に例のない「シングルプラットフォーム・マルチブランド」がFFGの独自の経営スタイルとして注目された。現場では商品、サービスの共通化を目指した作業が急ピッチで進められた。

役員を含む人事交流も進み、営業、管理面でのノウハウが共有され、新たなビジネスモデルの構築が進んだ。FFGのブランドスローガンは「あなたのいちばんに。」と決まった。経営理念として「世の中の変化を敏感に捉えて、失敗を恐れずに行動すること」が掲げられた。

ところでFFGのロゴマークには、「G」の部分に「赤の点」が付いているのをお気づきだ

FFG設立記念式典後の役員懇親会。この席で佃元会長からジョークを言われた＝福岡市の割烹「老松」

ろうか。温かいイメージにしようと、最後に思いを込めて入れたアクセントなのである。

福岡市天神にある福岡銀行の本店でＦＦＧ設立の記念式典が行われた。熊ファ銀の河口和幸頭取が会長に、福岡銀行の中村一利専務が頭取に就かれた。私は翌２００８（平成20）年6月の役員異動で常務取締役に新任された。

担当も12年ぶりに審査管理部門から離れることに。常務への昇格を家族の皆が喜んでくれた。この時、長女は結婚して２人の子どもをもうけ、九州大学病院に勤務。次女は京都大を卒業して大阪の国立循環器病研究センターに勤務していた。

常務の共同執務室は本店の役員フロアにあり、それぞれ担当地区を持ち、取引先とのリレーションを取るようになった。もともと現場は好きだったので、さまざまな取引先との交流ができた。

新たな担当は人事部門と事務ＩＴ部門である。不良債権処理、事業再生等に日夜腐心していた〝呪縛〟からひとまず解放された。信条としてきた「愚直に前へ、前へ」「やるべきことは徹底的にやる」を全うして、正直ホッとした気分になった。

⒃ 銀行の体質強化、急ピッチ

新しく担当した人事部門では、採用面接等に立ち会い、銀行の将来を担う人材を自分の目で確認できた。福岡銀行との経営統合が好感され、新卒者の応募が急増。年を重ねるごとに多くなったことを素直にうれしく思った。

経営統合により銀行の健全性は増した。地域の方からも相応の評価をいただき、苦労を共にしてきた行員にも安心感が広がった。経営統合直後は戸惑いや不安の声もあったが、人材育成や商品開発、コスト削減等で福銀と一緒に取り組む効果が徐々に表れてきた。熊本ファミリー銀行も、単体で確実に利益を出せる体質に変わっていった。

実は私のもう一つの担務、事務ＩＴ部門は苦手な部門だった。システムや事務規定等には

福岡銀行とシステム統合し、熊本ファミリー銀行本店では通帳切り替え専用の窓口を訪れる利用客が相次いだ＝2009年1月

疎かったが、この時の経験が、後に監査部を担当する時に役に立つことになった。

2007（平成19）年4月のFFG発足と同時に頭取に就任された中村一利頭取は、その半年ほど前に福銀を退職し、熊本ファミ銀の顧問に就かれていた。経営統合後の初代頭取として行員の融和を図り、取引先とのリレーションを取ろうと精力的に行動されていた。

だが、FFG設立式典から3カ月ほど経った頃、急に体調を崩されてしまった。検査結果は「逆流性食道炎」との診断。手術が必要となり入院が長引いた。結局、頭取を続けることが困難な状況となり、9月中旬に辞職された。療養されている福岡の自宅に見舞いに伺ったが、思ったような仕事ができなくなったことを、とても残念がっておられた。

FFG傘下に入った熊ファミ銀

ブランド向上へ再出発

入行式であいさつする中村一利頭取＝2日、熊本市水前寺の熊本ファミリー銀行本店

「県内景気の長い低迷…。まさに失われた十年だった」。熊本ファミリー銀行の役員は、不良債権処理に追われた同行の歴史をそう振り返る。【1面参照】

熊ファミ銀は十五年前の一九九二年四月、旧熊本銀行と旧肥後ファミリー銀行が合併して発足した。地盤が競合する第二地銀同士の合併は当時、全国で初めてだった。

バブル経済の崩壊後、規模の拡大で基盤強化を目指した熊ファミ銀。しかし実際には、長引く景気低迷で貸出先の経営が悪化。旧行時代の分も含め不良債権の処理が重くのしかかった。九九年に百四十億円の第三者割当増資を実施、二〇〇〇年には三百億円の公的資金注入を受けた。

国の"監視下"でリストラを徹底し、〇五年三月期に経常損益が前期の赤字から黒字転換。〇六年三月期も大幅な増益と、数字的にはV字回復を果たした。だが、福岡銀行の債権管理基準を入れた〇七年三月期は、再び五百九十一億円の経常損失を計上する見込み。経営環境の厳しさに変わりはない。

「グローバルな競争で地方銀行も相当な体力強化が求められる」と相澤雅文・九州財務局長。熊ファミ銀が合併十五年の節目に選択した経営統合を「単独の道を選んでいたら、将来は地盤を浸食される可能性もあった」と評価する。

ふくおかフィナンシャルグループ（FFG）傘下で、熊ファミ銀は「リテール（小口）部門の営業に特化する」（中村一利頭取）。これまで以上に地域に密着し、サービスを拡充するという。

リテール分野には地銀や信金がひしめき合い、大手銀行も手を伸ばしている。二年後にグループの県内貸し出しシェアを28%に6㌽上昇させる、というFFGの目標達成は容易ではない。

「地域になくてはならない銀行」。熊ファミ銀は中期経営計画で、自らの銀行像をこう示した。

「地域経済が沈滞する中で地元企業へ資金供給し、貢献してきた自負はある」。リストラの中で踏ん張った行員らは口をそろえる。企業にも"面倒見のよい"熊ファミ銀に期待する声は強い。

熊ファミ銀が地域での存在感を高めていくことが、FFGのブランド価値を創造し、ひいては経営統合の成否を左右することになる。

（辻尚宏、中原功一朗）

FFG

行員ら気持ち新た

緊張、淡々…利用者も期待

熊本ファミリー銀行と福岡銀行が二日、経営統合し、ふくおかフィナンシャルグループ（FFG）が発足した。統合一期生となる新入行員は緊張した表情で入行式に臨み、窓口やFFG本部の行員は気持ちを新たに業務に当たっていた。

■入行式

熊ファミ銀の本店ホール（熊本市水前寺）。中村一利頭取は入行式で「二〇〇九年一月には福銀とのシステム統合を控えている。同行のシステム修得が必要だが、しっかり勉強して活躍してほしい」と激励。山本昌平さん(22)は「統合という転換期に入行するのは喜びも大きい。FFGの一員として地域のために役立ちたい」と決意。寺本安那さん(23)も「お客さまに一番近い銀行になれるよう福銀とともに頑張りたい」と抱負を語った。

■店舗

熊本ファミリー銀行水前寺支店（熊本市）では、ポスターや粗品のテッシュなどをFFG名デザインに一新。窓口業務の柴田美幸さん(22)は「業務内容は同じ。お客さんからの『おめでとう』の言葉で気持ちが引き締まった」と話した。

同店を利用する会社員河口真理子さん(25)は「親しみやすい雰囲気は変わっていない。よりサービス面が充実するのでは」と期待を寄せていた。

■FFG本社

FFG本社の福岡銀行本店ビル（福岡市天神）。午前八時ごろ、ビル前ではためく福銀旗の隣のポールにFFGのロゴが入った旗が掲げられ、ビル出入り口には福銀プレート上部にFFGロゴが付け加えられた。

福銀とフロアを共有するFFG社には専従の両行の行員約六十人が席を並べた。福銀行員でFFG経営企画部のあるスタッフは「淡々とやっています。今のところ兼務による業務の煩雑さは感じない」と話していた。

■株価

FFGの株式は東証一部、大証一部、福証に上場。東証の初値は九百四十七円、終値は九百四十八円。出来高は八十七万千株だった。

（辻尚宏、中原功一朗、原大祐）

FFG傘下に入ってから初めての入行式を報じる記事（2007年4月3日付　熊本日日新聞より）

急きょ同月、福銀常務取締役の鈴木元氏が頭取に就かれた。シングルプラットフォームの構築は急ピッチで進み、役員を含めた各部署の人事交流が加速していった。

内部的にはさまざまな規則、規定等の統一が図られたが、大きな懸案として両行の金融システム統合が残っていた。熊ファ銀は、それまで九州地区の第二地銀で共同運用していた「システムバンキング九州共同センター」（ＳＢＫ、熊本市）から、09年1月5日に離脱。全体経費の３分の1を負担する中心行の脱退ということで巨額の費用を要したが、無事に福岡銀行と広島銀行の共同利用基幹システムに移行することができた。

ＦＦＧ設立と同時にスタートした「第一次中期経営計画（３カ年）」が終了し、次の新しい「第二次中計」がスタートするタイミングで、トップ交代があった。鈴木頭取に代わり、10年４月１日付で、林謙治専務が頭取に就かれた。

㊲ 新「熊本銀行」へ、改名実行

林謙治頭取の就任に合わせ、2010（平成22）年4月、常務から代表権のある専務に昇格した。二人三脚で銀行のかじ取りを担うことになり、共同執務室から専務室に移った。自宅には警備装置が取り付けられるなどセキュリティーが強化された。専務への昇格は驚きだったが、それ以上に代表権を持たされたことに責任の重さを感じた。

朝夕の公用車による送迎も始まり、行動範囲や責任範囲が広がった。同時に県銀行協会の理事に就任し、毎月定期的に行われる代表者会に出席。九州財務局長、日銀熊本支店長等との意見交換をする機会が増えた。

こうした中、「熊本ファミリー銀行」という行名を新たに「熊本銀行」に変え

「熊本銀行」の新しい看板に衣替え＝2013年、熊本市

ようという声が上がってきた。内外の意見をくみ取り、ＦＦＧの経営会議に諮ることにした。「平時に行名を変えるのは、費用だけがかかりメリットがない」との意見もあったが、ＦＦＧ谷正明社長の英断で決まった。

13年３月、全役職員が熊本市のホテルに集まり、「熊本銀行」への行名変更の決起大会を開いた。これまでの紆余曲折を経験してきた行員にはさまざまな思いがあっただろう。改めて「熊本を代表する銀行になろう」という私たちの覚悟を内外に示すものとなった。私にとっては４度目の行名変更である。

林頭取の指示を受け、地元の肥後銀行はじめ金融機関等に行名変更の報告に出向いた。看板も新しくなり、伝票、帳票類等は全て一新した。地元の方からの評価は「簡潔明瞭で分かりやすい」という肯定的な声が多かった。思い切って名を変えてよかったと思っている。

歩調を合わせるようにＦＦＧのプラットホームもようやく軌道に乗ってきた。企業文化だけでなく、取引先のニーズをワンストップでつかむ営業スタイルが定着していった。

行名変更を機に、熊本日日新聞社から、第１回となる「熊本リレーマラソン」特別協賛の提案があった。ちょうど「熊本銀行」の名前にもっと親しんでもらいたいと思っていたところだったので、林頭取と相談してこのイベントのメインスポンサーになった。

誰でも気軽に参加できる体力、健康増進を目的としたこの大会は、職場や地域、グループから毎年5千人ほどの参加者を集めている。このコロナ禍でもオンライン参加形式に代えて開催。すっかり熊本の人気イベントの一つとして定着したようだ。

色づいた木々の中を走る選手たち＝県民総合運動公園（横井誠）

駆けた4500人 秋彩る

第1回熊本リレーマラソン

県民総合運動公園

42・195キロを走り継ぐ「第1回熊本リレーマラソン」（熊日主催、ふくおかフィナンシャルグループ熊本銀行特別協賛）が3日、熊本市の県民総合運動公園周回コースで開かれ、色とりどりのウエアに身を包んだ490チームの4477人が、小雨交じりの公園内を楽しく駆け抜けた。【1面参照】

うまかな・よかなスタジアムで開会式があり、カウントダウンに続いて午前10時の号砲とともに一斉にスタート。4人から21人で編成した各チームの走者が、1周2キロ（1周目は2・195キロ）のコースをたすきリレーしながら21周して健脚を競った。

一般、男女混合、女子の3部門で開催。一般は、GGRCくまもとが2時間5分22秒で初代王者に輝いた。混合は、GGRCくまもんが2時間10分8秒で1位。女子は、☆CHIGURIN☆が2時間34分11秒で制した。

（星原克也、山本遼、萩原亮平）

※10日付朝刊で、熱戦を収めた写真とともに、全チームの記録を掲載する予定です。

熊本市長 汗まみれ

○…熊本市の幸山政史市長が事務所スタッフや学生ら11人と出場し、来年2月に控える熊本城マラソンに向けて〝試走〟した。

交代しながら約2キロの周回コースを計8周。汗まみれになり「（走るのは）自分で言い出したことだけど、ちょっと後悔しているかも」と苦笑い。

それでも「週2、3回の練習の成果は確実に出ている。体の回復が早くなった」とフルマラソンへの手応えを口にした。

＝上位記録＝

【一般】①GGRCくまもと2時間5分22秒②オーデンAC2時間5分56秒③GGRCおっさん2時間10分8秒④玉名陸上ク2時間17分28秒⑤CZOC2時間18分20秒⑥42本ランニング同好会2時間19分52秒⑦RUNCOK2時間21分4秒⑧KGU－T&F－OB2時間24分46秒⑨地球防衛軍2時間26分5秒⑩KUMA RUN team－A2時間30分6秒

【男女混合】①GGRCくまもん2時間10分8秒②チームやましん2時間30分21秒③ランニングステーションポレポレ2時間36分37秒④yamazaki－hukuoka2時間39分11秒⑤チームEST2時間44分30秒⑥TeamDS2 2時間50分16秒⑦KUMA－K2時間51分37秒⑧国府RC2時間52分32秒⑨Team スギモト2時間53分1秒⑩熊本整形RC2時間53分29秒

【女子】①☆CHIGURIN☆2時間34分11秒②CACレディース2時間46分47秒③BB．Boo3時間15分48秒④ライフ・ウェルネス3時間34分23秒⑤なでしこレディース 3時間37分13秒⑥SGM7 3時間38分32秒⑦ウイングぱーと2 3時間39分10秒⑧一新レディース3時間49分30秒⑨ユニオン4時間0分19秒⑩ひのくにランナーズ☆4時間2分24秒

第1回熊本リレーマラソンの様子を報じる記事（2013年11月4日付熊本日日新聞より）

⒅ 頭取就任、金融の地産地消を

その電話は、済生会熊本病院での人間ドック検診中にかかってきた。福岡銀行の秘書課から「明日、FFG本社の社長の部屋に出向くように」との内容だった。

この時期に社長からの呼び出しは、人事の話だとは思った。専務になって4年が経っていたので、そろそろ退任の内示かと思っていた。

2014（平成26）年2月21日。福岡市大手門にあるFFG本社に出向き、役員室フロアにある社長の部屋に入った。初めて入る頭取室のソファに緊張して座ると、谷正明社長は落ち着いた口調で「熊本銀行の頭取を君にやって

熊本銀頭取に竹下氏
統合後初の生え抜き

ふくおかフィナンシャルグループ（FFG、福岡市）は25日、傘下の福岡、熊本、親和3行のトップ交代を発表した。熊本銀行（熊本市）は、新頭取に竹下英専務執行役員(63)が昇格する。林謙治頭取(65)は退任し、顧問に就任する。4月1日付。【8面に関連記事】

熊本銀行の頭取交代は4年ぶり。竹下氏は旧熊本相互銀行出身で、2007年4月の経営統合以降、初の福岡銀行出身以外の生え抜きトップとなる。

不良債権処理や、システム統合による事務効率化、行員交流によるグループ3行の融合が進み、熊本銀行への行名変更から1年がたつのを機に、地元出身者の起用で、営業基盤をさらに強化する。

竹下氏は、融資部門が長く、常務執行役員時代から6年間、林氏とともに経営に携わってきた。

同日、熊本市の同行本店で会見した竹下氏は「行名の通り熊本を代表する銀行に一歩でも近づけるよう、（昨年4月にスタートした）第4次中期経営計画を前進させていく」と意気込みを語った。

林氏は「財務基盤構築のため、全身全霊で経営してきた。組織の若返りを図り、サポート役として黒子に徹したい」と話した。林氏は福岡銀行出身。08年6月に熊本銀行専務執行役員に就任し、10年4月から現職。（田川里美）

竹下英氏（たけした・えい）明治大法学部卒。74年熊本相互銀行（現・熊本銀行）入り。02年6月執行役員、03年6月取締役。10年4月から現職。山鹿市出身。

頭取就任を報じる記事（2014年2月26日付熊本日日新聞より）

もらうことになった。しっかりやってほしい」と告げられた。

まさに青天の霹靂(へきれき)。うれしさより責任の重さが先に立ち、「分かりました。頑張ります」とだけ答えた。社長からは「この話は公表するまでは、寝言でも口外しないように」と念を押された。

4日後の2月25日9時半からのFFG本社取締役会で、熊本銀行と親和銀行の頭取の件が承認された。急ぎ熊本に戻って今度は熊本銀行の取締役会である。ここでの承認を受け正式に頭取交代となった。谷社長から口止めされていたので決して寝言では言わなかったと思うが、実は妻にだけは話をして、その日に臨んだ。

取締役会での承認を受け、目の回るような1日が動き出した。14時から本店4階ホールで林謙治

熊本銀行の新頭取に決まり記者会見する筆者＝2014年2月、熊本市

頭取と共同記者会見に臨んだ。ＦＦＧ設立後、福銀出身の頭取（中村・鈴木・林）が３人続き、初めての生え抜き頭取誕生ということで、地元の受け止め方は好意的だったと思う。

会見の席上で、「地元の金融機関として、熊本銀行の名にふさわしく、金融の地産地消を目指し県内預貸率を高めていく」と所信を述べた。その思いは入行以来、ずっと持ち続けていたものだ。

会見後は各方面からお祝いの電話やメール等が次々と寄せられた。その日の夕方のテレビ、翌日の新聞等で大きく報じられ、改めて責任の重さを痛感した。

熊本には多くの企業がある。そこには社長と名の付く方がたくさんいるが、「頭取」は２人しかいない。否応なく注目されることになるので、よくよく注意して行動するように、とアドバイスをしてくれる人もいた。

各方面へのあいさつもそこそこに４月１日、全店部店長会議で頭取としての初めての訓示をした。入行して40年の月日がたっていた。経営統合後４代目頭取としての日々がスタートした。

頭取就任にあたって行員へ送ったメッセージ

頭取就任の意気込み

福岡銀行と経営統合し、ふくおかフィナンシャルグループが発足して以来、財務体質の改善や営業力の強化に積極的に取り組んできた結果、経営の健全性が確保でき、営業推進体制にも厚みが増してきました。

また、熊本の銀行としてより身近で頼れる銀行になろうとの思いで、「熊本銀行」に行名変更して一年が経過しましたが、想定以上の効果があったと思います。（中略）

これからの地域金融機関は、金融経済情勢の変化に柔軟かつ的確に対応していく必要があります。マーケット規模が縮小していくなかで、経営基盤を強固にするためには、お客さまに選んでいただける銀行をつくりあげる必要があります。そのために全身全霊をうちこんで第四次中期経営計画を遂行したいと思います。

（中略）

行員へのメッセージ

私が銀行に入行した時代と比較すると、お客さま起点から見た銀行のイメージは随分変わったと思います。以前は銀行員＝公務員という社会の風潮がありましたが、今は違います。サービス業のプロフェッショナルの集団です。お客さまのニーズも多様化してきましたので、金融機関が取り扱う商品も進化して複雑になってきました。何が言いたいかと申しますと、「自分を磨く勉強」をしていただきたいということです。これは業務知識だけでなく一般的な生活環境のなかでも意識していただきたいと思います。

私は、人間が持って生まれた才能にはそれ程の差はないと思っております。その後の努力と環境が人を成長させていき、人財を育てていくものだと思います。常に相手が何を求めているかを第一に考えている人は、銀行員としてもお客さまと信頼関係を築くことができます。私も自己研磨しながら行員のみなさんと「熊本を代表する銀行」を目指していきたいと思いますので、どうぞよろしくお願いします。

㊴　就任喜んでくれた2人の娘

２０１４（平成26）年６月、地元のホテルで開いた就任披露パーティーには、県内外から１千人ほどの来賓、取引先等に来場いただいた。来場者の６割ほどはこれまでの仕事を通して面識がある人たちだった。

ごった返す会場を、順にあいさつを交わしながら巡回していると、会場の隅っこでにこりと喜ぶ娘２人の姿があった。父親らしいことができなかったので、せめてもの罪滅ぼしのつもりで会場に呼んでいた。

披露パーティーは、かつての勤務地である福岡で６月、翌月には鹿児島でも開き、まさに晴

頭取就任謝恩披露パーティー＝2014年６月、熊本市

れ舞台となった。これまで出会った多くの人から「良かったね」「おめでとう」と声をかけられ、万感胸に迫るものがあった。

入行して4度、銀行の看板が変わり、途中で逃げ出したくなるような局面を何度となく経験してきた。その時に踏みとどまれたのは上司・同僚の助言、取引先からの激励、家族の励ましがあったからだ。

その年の暮れ、鹿本高の中嶋憲正同窓会長（前山鹿市長）から、在校生に講演をしてほしいと依頼があり、喜んでお引き受けした。体育館で「私の歩んできた道」と題して1時間ほど話をした。数十年前の自分の卒業式は、受験後しばらく東京にいたので出席できなかった。この体育館に初めて足を踏み入れたことを、壇上に立ち、しみじみと感じていた。

ここで頭取の1日を紹介したい。毎朝7時半に公用車が合志市の自宅に迎えに来てその日がスタートする。50分ほどかけて水前寺の銀行本店に向かう。通常の通勤

母校鹿本高校で講演し、在校生の花束を受ける筆者

時は車中で新聞数紙を読み、テレビのニュースを見る。たまにＮＨＫ連続テレビ小説を見ることも。早朝から秘書や各部等へ連絡、指示を出すこともあった。

本店の地下駐車場で車を降り頭取室に入ると、タイミングを見て秘書が入り当日のスケジュールの確認をする。９時頃、常務の共同執務室に入り、役員と情報交換をする。時には各部の部長らから報告を受けることもあった。その後はスケジュールに沿って、各種会合に出席、来客の応対や取引先への訪問等に追われる。合間には頭取室でさまざまな決裁書類等に目を通した。

こうして通常の執務は17時頃に一段落する。夕方からはほぼ毎日、会合や会食等の予定が組み込まれていた。

夜の会食は一次会までと決めていたので、21時ごろには車で帰宅する毎日だった。妻には本当に申し訳なかったが、自宅で夕食をとることはほとんどなかった。

「くまもと経済」Vol.398の「表紙の人」にもなった＝2014年

⑽ 熊本地震、地元行として支援

熊本銀行の頭取は月に5～6回、熊本―福岡を往復する。ＦＦＧの経営会議やＦＦＧ取締役会などに出席するためだ。正直なところきつい日程だったが、福岡銀行、親和銀行との3行の頭取のコミュニケーションは、おかげでかなり深まったと思う。

さらに毎月第3木曜に、第二地銀協の代表者例会が東京千代田区の協会会館で行われる。東京ではそのほかにも、金融庁長官ら幹部が出席する「金融行政懇談会」も開かれる。日本銀行とは3カ月に1回、総裁・副総裁等を囲み意見を交わした。

２０１６（平成28）年4月14日。その日は第二地銀協の例会で東京にいた。例会を終え、夜は在京の高校の同級生中川正和君、三島博士君と久しぶりに杯を交わした。

21時過ぎ。タクシーでホテルに戻る途中、熊本で大きな地震が発生したことを速報で知った。ホテルのテレビをつけると、想像を絶する被害状況が映し出されている。午前零時を回った頃、やっと秘書と連絡が取れ、早朝の便で熊本に戻った。

銀行7階に設けられた総合対策本部には、既にテレビ会議の装置等が用意され、全員が慌ただしく動き回っていた。行員の安否確認はできたが、店舗再開が困難な店が複数あった。福岡のＦＦＧ本部にも逐次、詳細な情報を送り、人や物資等の全面的な支援を確認してようやく自宅に戻った。

地震時に一人だった妻を心配して、娘夫婦が泊まりに来てくれていた。一緒に遅い夕食を取り、ホッとして23時ごろ床に就いた。

午前1時25分。1階の寝室で休んでいると、大井まで跳ね上げられるような激しい揺れに飛び起きた。熊本地震の本震だった。

不安な気持ちの中、夜が明け、本店に着いてまず目に飛び込んできたのは、8階建ての屋上から道路に落下した貯水槽の大きなコンクリート塊だった。通行人がいなくて本当に良かったと思ったが、余震は収まることがなかった。結局、県内は前震と本震、１８００回を超える大きな余震で壊滅的な被害を受けた。

熊本地震の本震で8階建ての熊本銀行本店から落下したコンクリート塊＝2016年4月

直後から私は頭取室から取引先等に電話を掛け続けた。地元の金融機関として「できることは何でもやる」ということを伝えた。この時から被災者支援に長い間向き合うことになった。

震災から7年が経った。振り返れば、ＦＦＧが発足していて本当に幸いだったと改めて思う。たぶん熊本銀行単体では、十分な支援活動はできなかっただろう。広域に経営統合した傘下の金融機関は、有事に際し相互の支援体制を敷くことができる。危機管理上も極めて有効であることを内外に示すことができた。

本店７階に設置した総合対策本部

⑷1 店舗内店舗、地震が始まり

忘れられない２０１６（平成28）年の熊本地震で、私たちは家屋・文化財の倒壊や道路の陥没、ライフラインの停止など甚大な被害を受けた。

熊本銀行も一時は最大４店（中央・託麻・益城・日赤通）が休業を余儀なくされた。店舗及びＡＴＭの機器の損傷が深刻で、何より行員の半数以上が避難所生活や車中泊を強いられ、避難先から出退勤する日々が長く続いた。私も10日間ほど車中泊を経験したが、行員たちの使命感には頭が下がる思いだった。

被災したサンリブ健軍店のATMコーナー

銀行の総合対策本部で陣頭指揮を執る中、その５年ほど前に起きた東日本大震災で地元金融機関が対応した事例に学ぼうと考え、早速、仙台銀行をはじめ複数の金融機関を視察した。

その中で参考になったのが「店舗内店舗」という営業店の形態だった。これは使用できなくなった店舗を、近隣の店舗内に移して営業を継続するという苦肉の策だった。

災害時、金融機関に求められるのは、基幹インフラとしての事業の継続である。この「店舗内店舗」で、倒壊の恐れがあった中央支店を花畑支店へ、託麻支店を東託麻支店へ移して何とか営業を続けることができた。

お客さまにはご不便をおかけしたが比較的混乱は少なく、想定以上にうまくいった。緊急時だったからこそできた「店舗内店舗」だが、その後の国の規制緩和もあり、営業店の効率化を進める上での新たな店舗戦略として注目されるようになっている。

地域金融機関は、一般的に地域の隅々まで店舗展開している。しかし、人口減や過疎化、インターネットの普及等による来店客の減少で、店舗の統廃合は今、金融機関の喫緊の課題となっている。「顧客の利便性の維持」と「店舗の効率化」の両立を実現しているのが、皮肉にもこの「店舗内店舗」である。地震による被災で事業継続上のために進めたこの熊本銀行のモデルが今、このような形で注目を集めるとは想像もしていなかった。

熊本地震で得たのがＢＣＰ（事業継続計画）の重要さだった。自然災害はいつどこで起きてもおかしくない。熊本・福岡・長崎に拠点を置く広域金融グループ・ＦＦＧは、熊本が被害を受けた時、他の地域から十分な支援を受けることができた。そのノウハウは今後の有事にも生かされるだろう。

熊本地震で私たちはさまざまな被害を受けたが、ＦＦＧは想定以上にその利点を遺憾なく発揮した。熊本地震は、ＢＣＰ上からも金融界に大きな教訓を与えたと言えるだろう。

被災した託麻支店の店舗新築セレモニーで囲み取材を受ける筆者＝2018年

新築した託麻支店内に、「店舗内店舗」形式で運営することになった保田窪支店＝熊本市東区

地震後に行員へ送ったメッセージ

行員のみなさんへ

今回の「熊本地震」により被災された行員・スタッフ及びそのご家族の皆様に、心から、御見舞いを申し上げます。皆さんやご家族の中には、避難生活を余儀なくされ、不安な日々を過ごされている方が、多数いらっしゃると思います。皆さんのご苦労やご心痛に対し、重ねてお見舞い申し上げますと共に、一日も早い復旧・復興を、心から願っております。

（中略）

皆さんには、大きな余震が繰り返し発生する中、恐怖を感じながらも、地域金融機関としての使命感を持ち、夜を徹して復旧作業に取り組んでもらっており、避難所から出勤している行員の方も多数いらっしゃるとお聞きしています。

（中略）

当行の被災状況も決して小さくはありませんが、一日でも早く、被災された県民の皆様に対して、通常通りのサービスの提供が実現できる様に、体制の立て直しを、早急に行っていきたいと思っています。

今、正にブランドスローガンである「あなたのいちばんに。」を、改めて再確認する時だと思います。困難な状況に置かれたお客様や地域の方々に対して「何ができるのか」、「何をしなければならないのか」を、一人ひとりが考え、行動に移して欲しいと思います。

（中略）

当分は困難な状況が続くと思いますが、「人命を第一」に、「一日も早い復旧・復興」に向けて、役職員が一致結束して〝この難局〟を乗り越えて行きましょう。

くれぐれも体には十分留意しながら、日々の業務に、取り組んでいただきたいと思います。皆さんやご家族のご無事をお祈りし、私からの激励のメッセージといたします。

平成28年4月19日

頭取　竹下　英

㈿ キラリと光る経営者の群像①

ＦＦＧの月刊誌「ＦＦＧ調査月報」に福岡、熊本、十八親和の３銀行が毎回取り上げる企画「トップに聞く」がある。各界の経営者が発する貴重な金言を聞ける楽しみな仕事の一つだった。そのごく一部だが、私が出会ったキラリと光る経営者を３回にわたり紹介したい。

熊本地震では熊本銀行本店も、８階屋上からコンクリート塊が落下する大きな被害を受けた。余震が続く中での応急工事は命がけの危険な作業となったが、社員から「決死隊」を募り、不眠不休で対応していただいたのが、解体業の「前田産業」（熊本市）である。

熊本地震では多くの取引先が被災、地域金融機関として支えた＝2016年９月

木村洋一郎社長の穏やかな表情の裏には不屈の精神を感じる。「単に壊すのではなく、役

割を終えた建物に敬意を払い、解いて自然に戻す」が同社の伝統という。文化財の移築、手のかかるデリケートな仕事も得意分野とのこと。他のゼネコンが辞退する中、洋画家の海老原喜之助画伯のモザイク壁画「蝶」を、熊本市新市街の旧熊本東宝会館から熊本市大江の熊本学園大に移設したのも同社である。

法律よりも厳しい基準で廃棄物処理に取り組む姿勢は、環境に配慮した事業活動を実践しようという決意の表れと思っている。

熊本は医療の分野での先駆者が多い。歯科技工業「愛歯(あいし)」は、高橋昌平会長が１９７８（昭和53）年に創業された。菊陽町に本社を置き、最新の自動設計製造機器の導入で製造能力をアップさせ、売上げは全国でも業界上位にある。

入れ歯の表面を銀イオンでコーティングし、細菌の発生を抑制する新技術「ピカッシュ」がヒット。入れ歯の臭いやヌメリなどが軽減され、清潔な口内環境が維持できるという。高

「復興へ 地域とともに」

県内企業 入社式で激励相次ぐ

新年度の実質スタートとなった3日、県内の各企業で入社式があった。各社のトップが新入社員を激励。熊本地震の復旧・復興に向け、地域とともに歩む姿勢を強調する声が相次いだ。

熊本銀行は、熊本市のホテル日航熊本で入行式。54人の新入行員を前に、竹下英頭取が「熊本は復興元年。お客さまや地域社会が抱える課題はさまざまだが、地元金融機関として、どんな課題にも立ち向かっていこう」と呼び掛けた。

27社の合同入社式を開いた県中小企業家同友会の小屋松徹彦代表理事は、「天職は出合うものではなく、仕事をするうちにつくられるもの。石の上にも三年。粘り強く頑張ってほしい」と新入社員49人を激励した。

発足30年を迎えたJR九州には208人が入社。福岡市であった入社式で、青柳俊彦社長は、地震被害のため豊肥線の一部区間で運休が続く現状に触れ、「良い時も悪い時も、地域と支え合う関係を築いていかなければならない。災害に打ち勝ち、地域の元気を皆さんとつくっていきたい」と力を込めた。

16人が入社した熊本トヨタ自動車は一足早く、1日に入社式。興梠義昭社長が「復興需要で県内の自動車市場は伸び、他社との競争が激化している。社の成長に向け、新しいことに挑戦してほしい」とエールを送った。（宮崎達也、長濱星悟、小林義人）

熊本銀行の入行式で、竹下英頭取（左）から辞令を受け取る新入行員代表の高浜なつみさん＝3日、熊本市

熊本地震後初の入行式を報じる記事
（2017年４月４日付　熊本日日新聞より）

い技術力をベースに、海外展開も視野に入ってきた。確かな技術力で、患者と歯科医の負担を軽減する高品質な補綴物（歯科治療で使われる詰め物やかぶせ物）が製造される現場を見せてもらった。高齢化が進む日本では、その重要性が一層増していると感じた。

熊本大発のベンチャー企業「ワイズ・リーディング」は、最先端のＩＴ技術で医療現場を支えるサービスを提供している。医師でもある中山善晴社長は、医療分野のＩＴコンサルティングでは第一人者。さわやかな青年実業家という印象だ。

創業2年目に富士フイルムメディカルとの共同研究開発で「遠隔画像診断システム」を開発。地方には、検査画像から病気を診断する読影医を確保できず、適切な画像診断ができない医療機関が少なくない。都市部との深刻な医療格差が起業の動機という。

そのほかにも、レポート作成システム「ワイズチェイン」は、膨大な数の過去の診断レポートを解析した人工知能を搭載。より早く質の高い文書が作成でき、読影医の負担軽減を支援している。

今後は他県の遠隔画像診断事業者との連携を進め、相互の専門性や強みを生かしたいという。医療への更なる貢献を果たしたいという中山社長の熱い志を感じた。

⑷③ キラリと光る経営者の群像②

日本経済を支えるのは中小企業である。私たち地域金融機関は長年、その〝応援団〟として歩んできた。

その一つ、人吉市の「繊月酒造」は、２０２０（令和２）年7月の熊本豪雨で被災した。球磨川の氾濫で工場が浸水、甚大な被害に見舞われたが、堤正博会長・純子社長の親子で見事に復興を果たされた。

創業１２０年に及ぼうかという老舗。球磨焼酎への理解を深めてもらおうと、工場は焼酎の製造過程を説明付きで見学できる。「城見蔵」では試飲も。私は「川辺」が好きで、会長に増産を勧めたところ、「地元の水と相良米にこだわって造っていきたい」という頑固な職人気質に感服した。

最近は海外にも販路を広げ、米国との共同開発商品「ムジェン」を展開している。

30年ほど前の人吉支店長時代、合併した熊本ファミリー銀行の親睦会「あさぎり会」を立ち上げたが、堤会長に会長をお願いするなど、長いお付き合いだ。

水産加工業「丸西」の西達也社長は、牛深の若手経営者の一人。1935（昭和10）年創業の3代目だ。イワシ・サバ等の削り節や煮干しを加工し、大手食品会社に販売している。創業時の牛深はイワシ漁が盛ん。100社ほどあった水産加工業も今では20数社に減少する中、同社は厳しい品質管理に対応。製品に付着する菌数についての基準をクリアするため、最先端の加工機器を先行導入するなど、メーカーの信頼は厚い。

近年は温暖化の影響等で季節ごとにとれる魚の時期がずれ、大漁や不漁の周期も読めなくなってきているという。このため冷凍保管庫の重要性に着目し、最新の設備投資を進めてきた。熊本で牛深と言えば「牛深節」と言われるようブランド化が図られ、地域の活性化が進むことを願わずにはいられない。

私の古里山鹿で国産木材の復権を目指す「工芸社・ハヤタ」（早田允英社長）もその一つだ。大規模木造建築に

「FFG調査月報」創刊100号の表紙。この号で西達也社長を採りあげた＝2017年

も対応できる自社製品「ＢＰ材」の利用拡大を進める。前身の早田製材所は１９６８（昭和43）年創業。日本経済が成長軌道に乗り、住宅需要が増加に転じた頃である。

国内林業は、割安で断面が取れる外材に押され、多くの山林が放置状態になっている。国産材復活の起爆材として同社が独自開発したのがスギ、ヒノキを「束ね、重ねる」独自技術で造るＢＰ材。住宅の梁（はり）などに利用できる製品を20年がかりで開発・進化させてきた。強度と経済性に優れ、木造高層建築にも使われるＢＰ材は日本の木造建築と林業を大きく変えるかもしれない。

工芸社・ハヤタのBP材で造られた巨大な木造山笠＝福岡市のJR博多駅前（同社提供）

㈷ キラリと光る経営者の群像③

私が鹿児島・谷山支店の開設準備委員として赴任した時からお付き合いが続く「肥後産業」（鹿児島市）は運輸・倉庫業である。肥後忍会長が創業されて5年目の頃に出会った。鹿児島が福岡に次いで九州2位の物流量であることに着目された先見の明はさすがである。

2度のオイルショックを乗り越えたこともあり、環境保護には積極的に取り組まれてきた。排ガス抑制フィルター、ETC、デジタルタコグラフ等をいち早く装備。近年は倉庫業許可を取得して物流センターを立ち上げ、物流のスペシャリストを目指している。

頭取応接室での1枚。ここで多くの方との対面があった

毎年、金融機関を含めたステークホルダー（利害関係者）向けに決算報告会を開催。経営方針を示し、経営の透明性を図る姿勢には高い評価がある。鹿児島のトップ企業として、後

継の肥後貴哉社長の手腕に期待したい。

鹿児島でもう1社。「大福コンサルタント」(建設コンサル業)の福田光一会長の風貌は西郷隆盛を思わせる。大学卒業後、「故郷で恩返しをしたい」と、1973(昭和48)年に福田測量事務所を開業された。創業当時は大型団地造成が始まり、測量の受注が多かったが、その後は公共工事に力を入れ、技術力を高めて事業を拡大。現在の事業領域は多岐にわたり、社会インフラに携わる総合コンサルタントを目指している。

また文化財調査の事業をスタートさせ、鶴丸城の発掘調査のほか、「旧集成館反射炉」の機能図の作成等にも関わられた。さらに河川構造物の長寿化にも取り組み、老朽化した施設に対して適切な維持管理を行い、点検から保守までのトータルサポートをされている。

優れた技術力、提案力、時代の変化を読む先見性によって、測量・調査から文化財、再生可能エネルギーまで幅広い分野に取り組んでいる。

福岡県に「東洋ホイスト」という運搬用巻き上げ装置の製造販売を行う企業がある。私が出会ったのは3代目社長の東谷典章社長。2019年に急逝され、現在は長男の卓哉社長が引き継いでいる。

同社は1922(大正11)年に吉永鉄工所として創業。経営不振となった時に、熊本ファミリー銀行（当時）がＤＥＳ（債務の株式化）で金融支援を行った。当時、東谷常務が急遽社長に就任し、さまざまな困難を乗り越え見事に再建された。

典章社長は、強力なリーダーシップを発揮し「利益の方程式」を実践。データに基づき社内管理を強化し、無駄をなくすという基本を徹底された。再建を果たし、新しい本社ビルが落成したのを見届けて亡くなられた。ご冥福を祈る。

福岡市大手門にあるFFG本社ビル

あなたのいちばんに。
ふくおかフィナンシャルグループ

FFGのロゴマーク

㊺ 息が抜けない頭取の1年

２０１７（平成29）年6月から2年間、第二地銀協会の副会長職を務めた。頭取就任から3年目の時だ。毎月、上京し正副会長会議、理事会、例会に出席し、金融庁や日本銀行等に、会長と共に協会を代表として要望、意見を述べるのが主な役目だった。副会長としてさまざまな会合等で各方面のキーマンと交流、意見交換ができたことは有意義だった。

日銀の黒田東彦総裁とは2度、日銀氷川分館で意見交換を兼ねて会食をした。赤坂の氷川神社近くの閑静な地にあり、表札もなく一見、日銀の迎賓施設とは分からなかった。熊

金融庁幹部、九州地区第二地銀頭取らと。前列右から2番目が筆者＝2018年

本地震の復興状況、地域経済の現状、デジタライゼイションの展開等について意見交換した。

改めて1年の時間軸で頭取の生活を振り返りたい。期初の4月1日は、午前の入行式のあと、午後から全店部店長会議を開いて頭取示達をするのが通例だ。

5月中旬には、3月期決算に合わせ記者会見やメディア各社の個別取材がセットされる。6月は主宰する小さな親切運動熊本県本部の総会がある。下旬はFFGの株主総会がホテルオークラ福岡で開かれる。毎年800人ほどの株主が出席し、厳しい質疑応答がある中である年、「新しい熊本銀行には他にない温かさと親切さを感じる。地元の評判も良い」という株主総会では珍しい発言があった。議長の柴戸隆成社長から指名を受け、「激励のお言葉をいただき一層努力します」と答えた。何ともうれしい質疑応答の1こまだった。

7月から8月にかけては個人株主向けのIR（企業情報提供）活動を実施。熊本では4会場（熊本2、八代1、玉名1）で開いていた。10月1日は下半期に向けた全店部店長会議。

頭取に就任した年、「次世代の経営者を育成しよう」という思いで「若手経営者の会」を立ち上げた。年に4回ほど勉強会、講演会、銀行役員との交流会を開催して好評だ。会員は100人ほどに増えている。

11月は行員の参加も多い熊本リレーマラソン（特別協賛）、続いて熊本銀行OB会の総会がある。中旬には中間決算の記者会見が待っている。

　年が明け1月中旬には、熊本県立劇場で九州交響楽団による「ニューイヤーコンサート」を毎年開いていた。

　2月には来期の経営体制等について、FFG社長と意見交換、翌期の役員体制を固める。同時に熊本銀行の幹部職員の異動、昇格等について、一人熟考する日が1カ月ほど続く。

熊本リレーマラソンでスタートの号砲を鳴らす＝2015年

⑷6　ＦＦＧ広域展開の一角を担う

２００７（平成19）年４月にＦＦＧが発足。翌年、福岡市大手門に地上14階建ての本社ビルが完成した。ここにはグループ全体のガバナンス、リスクコントロール、内部管理態勢などを適切に発揮するため、持ち株会社としての管理、統治を行うさまざまな部署が置かれている。まさにＦＦＧの司令塔である。

谷正明福岡銀行頭取がＦＦＧ社長を兼務して６年余りが経ち、14年６月の株主総会で、柴戸隆成頭取が社長に就いた。親和銀行では吉澤俊介頭取が就任、私を含め子銀行３行のトップが同時期に交代した。熊本と長崎は初のプロパー頭取となった。

ＦＦＧ本社では毎週月曜日の９時30分からグループ経営会議が開かれ、これに取締役として出席した。グループのＡＬＭ（資産負債管理）やコンプライアンス等を協議し、定期的に

吉澤俊介親和銀行頭取（左）、柴戸隆成福岡銀行頭取（中央）とはざっくばらんに意見交換した。福岡市の福岡クラブにて

中期経営計画の進捗状況等の報告を受けた。会議が終わると、すぐに熊本に戻る日々だった。毎月最終火曜日には取締役会が開かれる。外部から取締役、監査役が４人出席し、厳しい指摘もあったが、建設的な意見が多かった。

月に一度は13階の見晴らしのいい部屋で、３行の頭取が昼食を取りながら、忌憚（きたん）なく意見交換した。個人的には「吉塚うなぎ」が好物だった。結局、ＦＦＧ本社には月５～６回は足を運ぶことになった。往復３時間かかった。

グループ全体ではさまざまなボランティア活動に積極的に参加してきた。東日本大震災では、子銀行３行から約１千人の役職員が、36回にわたり復旧作業に参加した。熊本地震が発生した時には、その時の返礼として多くの救援物資等が届けられ、大きな支えとなった。

熊本地震では阿蘇地域も壊滅的な被災に見舞われた。阿蘇大橋は崩落し、阿蘇神社も崩壊した。阿蘇の復旧復興を支援しようとコスギ不動産、ＦＦＧ、熊本銀行はじめ、多くの地元協賛企業の支援で、「熊本・阿蘇シニア　オープンゴルフトーナメント」を３年にわたり開催した。

ＦＦＧが発足してさまざまな効果が生まれた。最も大きいのはシングルプラットフォームができたことだ。本部機能が一つに集約され、子銀行の効率化が格段に進んだ。これまで以上に現場に割ける人員と時間が増えた。熊本地震の際の迅速な対応がその最たるものだ。

人事交流によって行員一人一人のスキルアップにつながった点も大きい。3行間の相互交流、FFG本部での研修等を通じて、個々の能力は優れた側に引っ張られ、全体が底上げされたと思う。

頭取として熊本銀行の業務を執行しながら、FFGの取締役を5年間務めた。この間、「十八銀行（長崎）との経営統合」「みんなの銀行の創設」などの経営課題に関われたことは感慨深い。

拠点数は海外を含めて300を超え、約7千人の行員を擁する広域展開型金融グループの経営の一角を担えたことを誇りに思う。

熊本・阿蘇シニアオープンゴルフトーナメントで優勝した室田淳選手を囲み、ボランティアを務めた行員たちと

熊本日日新聞　2017（平成29）年11月9日付朝刊掲載

ふくおかフィナンシャルグループ10周年記念特別対談

熊本銀行　頭取　竹下英　×　熊本日日新聞社　代表取締役社長　河村邦比児

未来と地域の発展　貢献できる存在に

「ふくおかフィナンシャルグループ（FFG）」は今年4月、設立10周年を迎えた。熊本銀行など3銀行を中心に構成する同グループは九州経済を支え続けている。同行の竹下英頭取に10周年の歩みや熊本地震への対応、そしてこれからの10年などについて、熊本日日新聞社社長の河村邦比児が聞いた。

(広告) 熊本日日新聞 平成29年(2017年)11月9日 木曜日 4

ふくおかフィナンシャルグループ10周年記念

特別対談

熊本日日新聞社 代表取締役社長 河村 邦比児 × 熊本銀行 頭取 竹下 英

未来と地域の発展 貢献できる存在に

「ふくおかフィナンシャルグループ(FFG)」は今年4月、設立10周年を迎えた。熊本銀行など3銀行を中心に構成する同グループは九州経済を支え続けている。同行の竹下英頭取に10年の歩みや熊本地震への対応、そしてこれからの10年などについて、熊本日日新聞社社長の河村邦比児が聞いた。

地方銀行は地元経済を映す鏡　竹下 英

地域と共に歩む姿勢を大切に　河村 邦比児

〝金融の地産地消〟

河村　「ふくおかフィナンシャルグループ（ＦＦＧ）」の設立以来、熊本でその一翼を担われてきました。どんな10年でしたか。

竹下　10年前の経営統合により、不良債権を処理し、県外に分散していた店舗網や人員など、経営資源を熊本県内に集中することができました。以来、地域で預かった資金を地域に融資する〝金融の地産地消〟を推進しています。

河村　地域立脚という点では、地域に根差して、地域に支えられる新聞社である熊日も同じです。そういう中で昨年、熊本地震が起きました。それによって頭取が目指しておられる進路が、ぶれることはありませんでしたか。

竹下　それは全く、ありませんでした。むしろ熊本地震を経て、経営統合の効果を実感することができました。というのは、ＦＦＧでは商品やサービス、システムをグループ全体で共通化する土台「シングルプラットフォーム」により、高度な金融サービスを効率的に提供できる経営スタイルを採用しており、その土台の上に福岡、長崎、熊本に根差す三つの銀行が存在します。３行は一つの銀行のように業務システムが同じで、使う伝票から制服まで同じですので、震災後、福岡と長崎から支援に駆け付けてくれた行員は、熊本ですぐに仕事ができました。そうしたバックアップにより、熊本銀行の行員は震災後、地元のお客さまのところへ出向いて「生の声」を聞き、変化するニーズを受け止めることができました。そうしたことも、広域でグループを構成しているからこそ、できたことでした。

震災体験を記録

河村　熊日も被災しましたが、県外の新聞社間で連携協定を結んでいますので、新聞が発行できない事態は回避できるという、心強さがありました。災害時にも事業を継続できるようにしておくことは重要です。

竹下　熊本地震の後、東日本大震災の被災地を視察しました。そこで事業継続計画（ＢＣＰ）の重要性を教訓とし、その後の対応でもそれが生かされたと思います。震災で店舗の被害も相当数あり、一時は行員の半数近くが仮設住宅から銀行に出勤する状況でしたが、今は、行内およびグループの結束力はより増しています。

河村　貴行では、熊本地震への対応の記録「未来に向かって　笑顔あふれる熊本へ」を発行されました。拝見すると、企業のＢＣＰ策定にも生かせる内容です。

竹下　熊本地震でわれわれがどんな対応をしたか、被災体験を記録に残すことに大きな意味があると思いました。一般のお客さまをはじめ、自治体や報道機関、金融庁や日銀、県内の図書館に配布し、記録誌のＣＤは県内の小中学校に近日、発送する予定です。

河村　復興支援にも尽力され、今年7月に開催された「熊本・阿蘇シニアオープンゴルフトーナメント」に特別協賛されましたね。

竹下　阿蘇の復興は県全体、九州のためにも重要ですからね。阿蘇が大丈夫であることを発信でき、本大会で集まった支援金や賞金の一部を熊本県と阿蘇市に寄付することができました。

他業種との競争も

河村　近年は金融再編の動きがあります。どうお考えですか。

竹下　地域金融機関が規模の利益を追求することは、経営に有効なことだと思います。例えば、今はアジア地域でビジネス展開を図る経営者が多いのですが、ＦＦＧとしては一昨年、国内の地域金融機関として初めて台湾に、海外駐在員事務所を設け、お客さまのビジネスをサポートしています。また、グループ会社の「ｉＢａｎｋマーケティング」が展開する「ｉＢａｎｋ」事業に参画して、銀行公式スマートフォン（スマホ）アプリ「ウォレットプラス」と、ＪＣＢブランドのデビットカード「デビットプラス」の取り扱いを10月から始めました。今後は、他業種との競争もあるかもしれません。そう考えると、海外事業や先端技術をはじめ、従来とは異なる分野への投資ができる、経営体力が必要になります。

企業価値の向上へ

河村　次なる10年先に向け、どう進んでいかれますか。

竹下　熊本の金融機関として、今後も金融の地産地消を行っていきますが、それに加えて、企業価値の向上を追求します。お客さまの暮らしを支え、地域に貢献する経営サポート、お客さまのライフステージごとのニーズに合った商品やサービスの提供といった、コンサルティング業務にシフトすることで、金融機関としての価値を高めます。

河村　これから先を思うと、熊本の課題はまず震災復興。そして、人口減による地域の疲弊という懸念もあります。そう考えると、熊日としても今後、「地域と共に歩む姿勢」を大切にしていかなければならないと思います。

竹下　地元が活気づかなければ、銀行だけいいということはあり得ません。銀行は、〝地域経済を映し出す鏡〟だと思っています。

河村　〝地域経済の鏡〟。いい言葉です。グループのブランドスローガンは、「あなたのいちばんに。」でしたね。

竹下　「いちばん身近な、いちばん頼れる、いちばん先を行く」銀行となれるよう、今後もさまざまな金融サービスを通じて、お客さまの豊かな未来創りと地域の発展に貢献できる存在でありたいと思います。

※対談は、２０１７（平成29）年10月13日熊本市中央区のホテル日航熊本で実施。

⑷⑺　古文書収集、登山も楽しむ

多忙な日々を送る中、時には仕事を忘れ、ふっと息をつく心の余裕が大切だとかねがね思ってきた。銀行でいわゆる不良債権処理に明け暮れ、身も心も疲弊していた頃もこれで乗り切れたと思っている。今の若い人に強く勧めたい。

以前から近代史に関心があった。幕末から明治にかけての郷土史には特に興味があり、それが高じて5代ほど遡（さかのぼ）って家系図を自分で作ったことがある。その延長線上に古文書収集があった。

県出身で初の総理大臣清浦奎吾（きょうらけいご）は山鹿市来民の明照寺で生まれた。当時のコミュニケーションの手段は主に書簡（手紙）だ。上通にある舒文堂河島書店で、清浦の書簡や掛け軸等を探した。書いてある字が分からないので、古文書などに詳しいライト設計（熊本市）の今坂晋典社長に解読してもらったこともある。

他にも多くの書簡を集めたが、自慢は西郷隆盛（吉之助）が熊本藩士池辺吉十郎宛てに書いた書簡である。池辺は西郷と西南戦争で一緒に政府軍と戦った熊本隊の隊長だ。

この書簡は東京神田の古書籍店で見つけた。西郷の書簡には贋作が多いと聞いていたので半信半疑だったが、旧知の猪飼隆明・大阪大名誉教授（元熊本大教授）に調べてもらった。するとこの書簡は紛れもない真筆で、池辺に親愛の情を吐露する内容で貴重な書簡であるとのこと。後日、西郷南洲顕彰会の鑑定書をいただき、後に熊日でも紹介された。

書簡というものは上司や同僚、部下に宛てたもの、家族に宛てたものとさまざまである。当時の時代背景を知り、生きざまや人間模様が垣間見え、その時代を懸命に生きた人々の息遣いを感じる。

古文書収集を通じて、同じ趣味を持つ人との付き合いも始まった。練兵町の割烹「和食仲むら」の中村康宏社長は、店内に多くの名品を展示して楽しませてくれる。中央区の中華料理「龍菜」の今村信社長は収集の領域が広く、さまざまな骨董品収集の専門家である。

鑑定書

この書簡（池辺吉十郎宛）は
西郷南洲翁の真筆と拝観し
ました。

令和元年12月20日
西郷南洲顕彰会専門委員　高柳

西郷南洲顕彰会からいただいた鑑定書

もう一つの息抜きは山登りだ。銀行員時代はなかなかできなかったが、銀行の職を引いた後に本格的に始めた。何といっても頂上にたどり着いた時の達成感は何ものにも代えがたい。途中の景観の楽しみもあるが、登り切った充実感はやった人でないと分からない。

九州には日本百名山のうち6座がある。久住山、阿蘇山、祖母山、霧島山、開聞岳、宮之浦岳だ。２０２１（令和３）年までの3年間で妻と一緒に5座に登り、22年5月の連休には、残る霧島山（韓国岳）を踏破した。九州百名山6座全ての頂上に立った達成感は格別だった。

九州最高峰の屋久島・宮之浦岳に妻と登頂＝2020年11月

⑷8 法人会で「英」の由来を知る

熊本銀行の頭取職は２０１９（平成31）年３月末、野村俊巳君にバトンを渡した。２年間は顧問として残り、21（令和３）年３月に銀行を後にした。多くの皆さんの支えに感謝するばかりだが、実は一つだけ頭取時代から取り組んでいる活動がある。

頭取になって2年ほど過ぎた頃、熊本法人会の門垣逸夫会長（元熊本朝日放送社長）から会長就任の要請があった。

頭取との兼務は厳しいと躊躇していたのだが、ある時、ＦＦＧ本社で当時の会長・谷正明氏に呼び止められた。

「法人会の会長を渋っているようだが、自分も福岡県法人会連合会の会長の経験がある。良い団体だからもう一度よく考えてみたらどうか」と勧められた。福銀は長年、財界活動とは距離を置いてきた経緯があるが、ボランティア活動の「法人会」だけは別格扱いだと聞いていた。門垣会長が谷会長に囁いた一手で〝外堀〟が埋められた。

会長に就いて5年が経つが、今はやりがいを感じている。良き経営者を目指す公益社団法人として、税の普及・啓発活動、社会貢献活動等に会員と共に日々尽力している。同職は「熊本県法人会連合会」「南九州法人会連絡協議会」の会長、「全国法人会総連合」の副会長を兼任する。活動範囲は全国に広がっている。

熊本県内には約2万社の法人があるといわれるが、会員数は1万社を超える。取り組みは多岐にわたり、税務署と連携して小中学生向けの「租税教室」を開講。「税に関する作文コンクール」「絵はがきコンクール」等も実施する。セミナーや講演会の開催、社会貢献活動も積極的に行っている。熊本地震や熊本豪雨災害では税制改正の提言として、被災者救済につながる「雑損控除期間の延長」の実現を関係機関に求めている。この提言が3年間の要望活動を経て「令和5年度税制改正大綱」に織り込まれたのはうれしい限りである。

2022年の夏、受諾保険会社のAIG損害保険

2022年8月のAIG全英女子オープン観戦中の一こま。妻と右は渋野日向子プロ（後方右AIGジェームス社長、左大同生命工藤会長）

から案内があり、「ＡＩＧ全英女子オープン」観戦の機会をいただいた。エジンバラ郊外のミュアフィールドで、３位になった渋野日向子選手と話ができたことは忘れられない思い出だ。

ある時、こんなことがあった。法人会の会合で、阿蘇法人会の山村唯夫会長（山村酒造社長）から私の名前「英（えい）」の由来を聞かれたことがあった。確かに「英」１字の名は珍しい。これまでも何度か同じことを聞かれたことがあった。

「山鹿に『中原英』という偉い人がいて、その人の名前からもらった」と幼少の頃に母から聞いた話をすると、「それは私の祖父です。頌徳碑が山鹿にあります」と山村会長。びっくりした。

後日、山鹿にある頌徳碑を初めて訪ねた。碑には生い立ちや功績等が刻まれていた。法人会のおかげで名前のルーツに引き合わせてもらった気がした。

名前の由来となった中原英氏の頌徳碑（山鹿市大道）

⑷⑼「法人会」って何？

ボランティアとして活動している「法人会」について、その一部を紹介したい。全国各地に４４０の単位法人会があり、県単位の連合体として、41都道県連が組織されている。会員75万社を擁する全国の法人会を束ねるのが「公益法人全国法人会総連合（全法連）」だ。70年を超える歴史のある団体で、歴代会長はトップ企業の社長経験者が多い。現在の小林栄三会長は伊藤忠商事の元社長だ。

会長を支える副会長が12名。この役職には国税局が所在する都道県の法人会長が就くのが通例になっている。それぞれ担務事項があり、私が最初に担当したのが「青年部会」だった。各県連が毎年持ち回りで開催する「全国青年の集い」等に、担当副会長として出席し、「女性部会」の行事等には、全法連の一員として参加する。

２０１９（令和元）年11月、大分県で「全国青年の集い」が行われた。この集いは、租税教育活動プレゼンの全国ナンバーワンを決める大会でもある。この時主催者として参加したのが「小林栄三会長」と「私」、女性部会担当の北海道連「加藤欽也副会長」だった。

それから1年が経ち、小林会長から「全法連厚生委員長」就任を要請され引き受けることになった。同時に加藤副会長は「組織委員長」に就かれた。

全法連の厚生委員長は、全国41都道県から選出された厚生委員長とともに、会員企業の福利厚生制度を担当。

協力3社（大同生命・ＡＩＧ・アフラック）と連携して会員企業に福利厚生制度を推奨し、法人会活動の源泉となる福利厚生事務手数料の確保を図るのが主なミッションだ。事務手数料は年間１００億円程度。全国の法人会活動の重要な原資となっている。

２０２１（令和３）年には「福利厚生制度が創設されて50年」になるのを機会に、会員増強をミッションとする加藤組織委員長とタッグを組んで、全国を行脚することになった。〝どんな組織でも新規会員が増えなければ、組織基盤は弱体化する。また、既存会員に過度に依存すれば、財政基盤は脆弱になっていく〟とい

全国10カ所で開催した「組織・厚生合同委員会」の会場＝福岡市の九州北部法人会連合会

う共通認識のもとに、「組織・厚生合同委員会」を、北海道から沖縄まで10カ所で開催した。合同委員会のあとの交流会、懇親ゴルフ等を通じて、組織・厚生委員会及び協力3社との連携、協調が、一層深まったと感じている。

22年11月の「税を考える週間」には、法人会の活動をもっと会員以外の方にも知ってほしい、という思いで、「法人会って何?～熊本県法人会連合会の活動～」というローカル番組を制作して地元放送局で放映した。法人会の理念は、「税のオピニオンリーダーとして、企業の発展を支援し、地域の振興に寄与し、国と社会の繁栄に貢献する経営者の団体である」と明記されている。これは地域金融機関の理念とも合致し、私には何の違和感もなく受け入れられている。

私の活動の基本にあるのは「法人会活動は楽しくやろう!」ということだ。それが実践できている間は、この活動を続けられると思っている。

熊本県法人会連合会が制作したテレビ番組「法人会って何?」で、小平忠久熊本国税局長と対談

熊本日日新聞　２０２０（令和２）年11月11日付朝刊掲載

「税を考える週間」紙上対談

（一財）熊本県法人会連合会 会長　竹下英　×　熊本国税局 局長　岸英彦

「くらしを支える税」深めていきたい県民の理解

11月11日～17日は「税を考える週間」。熊本県民に税の意義や税務行政に対する理解を深めてもらうため、熊本県法人会連合会の竹下英会長と、今年7月に熊本国税局に着任した岸英彦局長が、それぞれの役割や連携、コロナ禍での納税のあり方などについて語り合いました。

（司会　熊本日日新聞社業務推進局生活情報部長・陣立昌之）

（広 告）　熊本日日新聞　令和2年（2020年）11月11日 水曜日　4

「税を考える週間」紙上対談

「くらしを支える税」深めていきたい県民の理解

11月11日～17日は「税を考える週間」。熊本県民に税の意義や税務行政に対する理解を深めてもらうため、熊本県法人会連合会の竹下英会長と、今年7月に熊本国税局に着任した岸英彦局長が、それぞれの役割や連携、コロナ禍での納税のあり方などについて語り合いました。　（司会 熊本日日新聞社業務推進局生活情報部長・陣立昌之）

熊本国税局
岸 英彦（きし ひでひこ）局長

■1961年生まれ、東京都出身。上智大学経済学部卒、1985年国税庁入庁。熊本国税局課税部次長、国税庁長官官房参事官、国税庁徴収部徴収課長、同management...

(一社）熊本県法人会連合会
竹下 英（たけした えい）会長

■1951年生まれ、山鹿市鹿北町出身、明治大学法学部卒。74年熊本相互銀行（現熊本銀行）入行。2003年取締役花畑支店長、10年代表取締役専務、14年代表取締役頭取就任。19年退任し顧問に。18年から熊本県法人会連合会会長

租税教室の開催など納税意識の向上に尽力

税知識の普及に役立つ情報発信　竹下氏

ＩＣＴ化へさまざまな取り組み　岸氏

昨年11月、熊本県法人会連合会青年部会が主催した「第8回くまもとzei税ウォーキングin日本一の石段」の様子

昨年度、熊本県法人会連合会女性部会が実施した「第11回税に関する絵はがきコンクール」の熊本国税局長賞受賞作品

租税教室の開催など納税意識の向上に尽力

――岸局長は2度目の熊本勤務と伺いましたが。

岸　15年ぶりの勤務です。当時は熊本城近くに国税局がありましたので、熊本地震で天守閣などが被災したのはショックでした。また、今年は豪雨災害もあり、納税者の皆様の置かれた状況や心情に寄り添った税務行政を心がけます。

竹下　熊本城や阿蘇へのルートなど少しずつ復旧が進んでいます。ぜひ休日には県内各地へお出かけになってみてください。

――竹下会長をはじめ、法人会会員企業の皆様は、本業も忙しい中、日頃から会の活動に熱心に取り組んでいますね。

竹下　熊本県法人会連合会は、公益法人として認可された熊本県下九つの法人会の連合組織です。県内法人のおよそ40%にあたる約1万1千社が加入しています。「良き経営者を目指す団体」として主に三つの活動を行っています。一つ目が、良き経営者を目指すために、会員の自己啓発を支援する活動です。税に関する研修会や講演会の開催などを行っています。二つ目が、県民の皆様の納税意識の向上を目指すための活動です。青年部会や女性部会が中心となり、次世代を

岸　担う小中学生を対象に「税の仕組み」「税の意義・役割」等について法人会の会員が講師役として「租税教室」を行っています。また、女性部会は「税に関する絵はがきコンクール」を毎年実施しており本年度で12回目を迎えます。昨年度は約6千枚の応募がありました。さらに法人会では、毎年建設的な税制改正に関する要望・提言活動を行っております。本年度は「コロナ禍」の中で、中小企業の厳しい経営実態を踏まえた「税制上の特例措置の延長や拡充」の提言、「熊本地震・熊本豪雨災害」等をはじめ全国で自然災害が多発している状況を踏まえ、「所得税の雑損控除の繰越期間を3年から5年への延長」に関する提言を昨年に引き続き重点的に取り組むことにしております。三つ目が社会貢献活動です。被災地域でのボランティア活動、献血キャンペーン、地域イベントへの参加などを行っています。

とても幅広い取り組みをされておられますね。租税教室などは、次世代を担う児童・生徒等が税金の役割と意義を知るきっかけになる大切な取り組みだと考えています。

コロナ禍の今こそ「おうちからスマホ申告」

―きょう11月11日から「税を考える週間」がスタートします。

岸　今年も「くらしを支える税」をテーマに、国民の皆様に税金の意義や役割、税務行政に対する理解を深めてもらうためのさまざまな取り組みを予定しています。貴会には例年、税金クイズをはじめとした各種行事を実施していただき誠にありがとうございます。本年度は新型コロナウイルス感染症の影響により従来通りのイベント開催が難しくなる中で、税金クイズをＷｅｂで実施されたり、小学校に税に関する図書を寄贈されたり、非対面型のイベントを企画していただき大変心強いです。

竹下　熊本法人会では「税を考える週間」に合わせて11月末まで「熊本県庁プロムナードライトアップ」を実施中で、今年で18回目となります。岸局長にも機会があればご覧いただきたいですね。ところで、コロナ禍における非対面型というお話がありましたが、新型コロナウイルス感染症の影響により、社会のあらゆる場面でデジタル化が加速しています。熊本国税局でも税の申告・納付には、コロナ禍以前からＩＣＴ（情報通信技術）の活用を推進されていますね。

岸

国税局では近年、ＩＣＴ化に向けたさまざまな取り組みを実施しています。特に国税電子申告・納税システム（ｅ－Ｔａｘ）による申告納付手続きを推進しており、法人会会員企業の皆様には以前から積極的に取り組んでいただいています。平成30年度税制改正により、大法人の申告はｅ－Ｔａｘ提出が義務化されました。中小企業の申告はｅ－Ｔａｘ提出が義務ではありませんが、ＩＣＴを活用して申告の作成・提出に係る全ての手続きを電子化することで、事務の効率化・生産性の向上が図られると思います。また近年は、社会全体のキャッシュレスの流れもあり、納税面のＩＣＴ化も急速に進化しています。現在、キャッシュレスに対応した国税の納付は、「ダイレクト納付」「インターネットバンキング納付」「クレジット納付」などがあります。特にダイレクト納付は、手数料もかからず、スマートフォン（スマホ）でどこからでも納付できるので大変便利です。銀行の窓口に行かずに納付できるので、新型コロナウイルス感染防止対策にもなります。また、ダイレクト納付は複数の預貯金口座を登録できるので、企業の皆様にも資金繰りの面でメリットがあります。ぜひダイレクト納付を始めてみてください。

竹下　多様化する経済社会事情に即応して、納税環境も進化しているのですね。コロナ禍での確定申告は、密にならないようになど大変厳しいものがあると思います。

岸　例年、確定申告会場には多くの方が来場されます。会場での感染防止対策を徹底していきますが、納税者の方々もできれば来署せずに申告と納付を済ませたいとお考えではないでしょうか。所得税の確定申告をより便利かつ簡単にするため、国が運営する個人専用サイト「マイナポータル」との連携が来年1月から始まります。もちろん、スマホからも利用可能です。特に還付申告はスピーディーにできます。実際にスマホ申告を利用された方からは「こんな簡単に申告できるとは思わなかった」という声を多くいただいています。国税庁動画チャンネル（ＹｏｕＴｕｂｅ）では、スマホ申告の操作などを分かりやすく紹介していますので、新しい生活様式の実践を機に、ぜひ「おうちからスマホ申告」にチャレンジしていただきたいです。

研修会や広報展開　引き続き連携を推進

―法人会が税の啓発活動などを実施するにあたり、国税当局との連携についてご意見・ご要望をお聞かせください。

竹下　「税のオピニオンリーダー」として、税務当局との連携は今後も極めて重要であると考えており、大きく次の2点について引き続き連携した取り組みを行っていきたいと思っています。まず一つが、研修会などへの講師派遣依頼です。先ほど申し上げた税務研修会には、税務当局から講師を派遣していただき感謝しています。研修は改正事項の周知のみならず、改正の趣旨・背景など充実した内容で、会員の経営方針の参考になっています。もう一つが、広報誌などによる税情報の発信です。県内各法人会で発行している広報誌には「税務署だより」というコーナーがあり、会員への税知識の普及に役立つさまざまな内容を提供しています。本年度はこのコーナーで、岸局長が述べられたＩＣＴを活用した「ｅ－Ｔａｘの更なる普及」「ダイレクト納付の推進」「おうちからスマホ申告」なども積極的に広報していきたいと考えています。

岸　一つ目の税務研修会では、会員企業の皆様の税知識の普及・向上にご尽力いただきお礼申し上げます。コロナ禍ではありますが、今後も講師派遣の要請に対してできる限り協力させていただきます。もう一つの「ダイレクト納付の推進」「おうちからスマホ申告」などの周知広報については、ぜひよろしくお願いします。貴会にご協力いただけるのは大変ありがたいことであり、今後も貴会と連携を図りながら、納税環境の整備を進めてまいります。

※対談内日付・役職は掲載当時

⑸⓪　銀行の経験、教育界に生かす

今もう一つ携わっているのが、熊本中央高と坪井幼稚園（熊本市）を運営する学校法人加寿美学園の理事長の仕事である。同学園は熊本銀行の長年の取引先でもある。ちなみに学校法人尚絅学園は池満淵（いけみつふかし）元頭取が理事長に就かれている。両学園とも初代校長は内藤儀十郎先生で、同じ流れをくむ。

銀行の専務時代、学園の故森弘昭常務理事から非常勤理事への就任要請があり、それ以来の関わりになる。当時の理事長だった明治大の先輩・熊日の故永野光哉さんの後押しも大きかった。直前の故和田秀雄理事長の後を継ぐ形で、２０２０（令和２）年12月の理事会で選任された。

学園の歴史は古い。１９０３（明治36）年10月1日、内坪井に開校した坪井女子工芸学校まで遡る。創立者は佐々布遠（さそうとおし）先生。建学の精神として「良妻賢母」を掲げ、熊本における女

加寿美学園理事会風景。右から３番目が筆者

子教育の開基の一翼を担った。

１９５１（昭和26）年には私立学校法に基づく学校法人加寿美学園を設立。幾多の変遷を経て２００２（平成14）年に看護科と専攻科を合わせた5年一貫教育をスタートさせた。同時に男女共学に転換。建学の精神「良妻賢母」に、「高志躬行」を新たに加えた。

２０２２（令和４）年現在、高校７９１人、専攻科生１４４人。再来年に70周年を迎える坪井幼稚園には83人が通っている。教職員は１４０人。スポーツ界ではゴルフの大山志保さん、バドミントンの陣内貴美子さんらが卒業生である。

学園の経営にあたり三つの経営方針を掲げた。一つめは「生徒一人一人に寄り添う教育の実践」、二つめは「更なる教育力の向上」、そして「適正な事業収支の確保及び財務基盤の確立」である。有為な人材を育成する学校運営は、熊本にとって大事な役目と考えている。銀行での経験を生かし、少しでも役に立ちたい。

熊本中央高の卒業式で告辞を述べる筆者＝2023年３月１日

学園は23年10月1日に創立１２０周年を迎える。「１２０年の誇り・つなぐ未来へ」をテーマに地域に必要とされる学園を目指していこうと思う。少し前、新聞で「立ちはだかる壁は未来へ続く扉なんだ」という言葉を目にした。さまざまな壁が立ちはだかろうとも、未来に続く扉を若い人たちに切り開いていってほしいと思っている。昨年の卒業式でこの言葉を生徒に送った。

教育界に身を置いてまだ1年余りだが、孫のような園児、夢と希望あふれる高校生、先を見据えた専攻科生と交わりながら過ごす日々は、これまでにない新鮮さがあって楽しい。

竹下さん「いい夫婦」 前熊本銀頭取 都内で表彰

「いい夫婦」の表彰式で、にこやかに話す竹下英さん、貴美代さん夫婦＝8日、東京都渋谷区

日本メンズファッション協会は8日、今年の「いい夫婦」に前熊本銀行頭取の竹下英さん(71)、貴美代さん(70)夫婦と、俳優の赤井英和さん、佳子さん夫婦の2組を選んだ。東京都内で開かれた表彰式で、竹下さん夫婦は「二人で賞をもらうのは初めて。晴れがましいが、びっくりした」とにこやかに語った。

11月22日の「いい夫婦の日」にちなみ、同協会が２０００年から毎年選出。芸能部門に加え、19年には企業部門を設けた。

英さんは熊本銀行を退いた今も、県法人会連合会会長や熊本中央高（加寿美学園）理事長を務める。2人そろっての趣味である山登りのように「二人三脚の助け合い夫婦」で長年、職責を果たしてきたとして企業部門に選ばれた。

表彰式で夫婦円満の秘けつを尋ねられた英さんは、「結婚して45年。いろいろなことがあったが、近からず遠からずの適当な間合いで過ごしてきた」。貴美代さんは「これからは登山や映画、ゴルフを一緒に楽しみたい」と話した。

英さんは現在、「わたしを語る 私の銀行員物語」を本紙で連載中。（小多崇）

「いい夫婦」企業部門に選ばれたことを報じる記事（2022年11月9日付　熊本日日新聞より）

⑸1 周囲に支えられ歩んだ道

私の銀行員生活は、営業店が20年、本部が10年、役員が17年に上った。かねてから満70歳を迎えたら、銀行の役職から全て引こうと考えていた。山あり谷ありの47年間。多くの方に支えられて今があることに心から感謝している。

これまで家族をずいぶん犠牲にしてきたと思う。ようやく少し余裕ができ、古希を迎える1年ほど前、妻貴美代と2人で九州最高峰の屋久島・宮之浦岳登山にチャレンジした。コロナ感染症の影響などで何度か予定を変更。3度目の正直で2020（令和2）年11月に実行した。

妻と一緒に初めて屋久島を訪ねたのは、役員に就任して花畑支店長を1年間務めていた時。それ以来、手付かずの自然が残された世界自然遺産の屋久島に魅せられてきた。

今回のチャレンジはその集大成でもあった。まだ薄暗い午前6時に淀川登山口を出発。午後2時に宮之浦岳に到達し、幸運にも標高1936メートルの頂上から360度のパノラマを満喫できた。夕刻6時に山小屋に着き、翌朝5時に再び出発して縄文杉を通り、午後3時に荒川登山口に到着。見事に「屋久島縦走」を成し遂げることができた。

宮之浦岳の頂上に無事に立つことができ、良い古希の記念になった。同行してくれたガイドさんから「古希を迎える夫婦を宮之浦岳山頂まで案内したのは初めてです」と言われ、少し自信がついた。

妻と結婚してあと4年で金婚を迎える。子育てを終えた妻の趣味はゴルフ。私よりもラウンド回数は多いかもしれない。長女智子は福岡市千早で鍼灸院を経営する宏次との間に悠華と礼弥、次女陽子は大津町で小児科医院を開業する紳との間に慧と暁ともう1人おなかに宿っている。それぞれに幸せな家庭を築いていて、好々爺として孫の成長を誰よりも楽しみにしている。

山鹿市の実家にいた父は2021年暮れ、95歳で旅立った。前年に母が亡くなった後も一人で元気に過ごしていた。昨年夏、若い頃海軍に志願して学んだ防府通信学校跡を兄弟3人と訪ねたことが良い思い出に

父、弟2人と筆者。航空自衛隊防府南基地（山口県）にある、防府通信学校跡にて

なった。棺の中に、この連載の草稿を納めた。母と一緒に読んでくれていると思う。

これから妻と時々山に登り、少しでも地域貢献、社会貢献ができれば最高だと思っている。70年余り、ひたすら「前へ」と歩んできた。先を行く人、伴走する人、背中を押してくれる人がいて、私はこの道を進むことができた。銀行も厳しい時代が続く。後輩たちが難局に向かう時、少しでも参考になれば幸いである。

長女、次女の家族と筆者夫婦。旧鹿北町の生家前で

⑸2 旭日小綬章を受章して

2023（令和5）年3月15日のこと。熊本中央高校の理事長室でいつものように執務していると、九州財務局理財部長から電話が入った。春の叙勲で、私に旭日小綬章の授与が内定したということだった。公表は4月29日なので、それまでは他言無用と付け加えられた。以前、銀行の頭取の内示を受けた時と同じだった。その時は、〃寝言でも言ってはいけない〃と、念を押されたことを思い出した。

これまで、何度か叙勲・褒章等の祝賀会に招かれたことはあったが、私には縁遠いことと思っていた。内示後、冷静になって思ったことは、受章の理由だ。どういう理由で授与が決まったのかを知りたくて、改めて叙勲についてインターネット等で調べてみた。「叙勲は国や公共への功績をあげた人が、国家から勲章を授かる栄典の一つ」と記されている。〃何で私が…〃という自問が、その時から始まった。

叙勲受章者は閣議決定後に官報に掲載され公示される。新聞、テレビには、その時点で通知があるようで、公表の1週間ほど前に、熊本日日新聞などから取材を受けた。「よろこびの声」は４月29日の朝刊などで公表された。知人、親戚等もびっくりしたのだろう。それからしばらくはお祝いの連絡が相次いだ。

５月14日に妻と上京した。翌日の午後、娘の結婚式以来となるモーニングコートに身を包み、金融庁で行われた伝達式に臨んだ。その後バスで移動して皇居に参内。厳粛な雰囲気のなか、「春秋の間」で天皇陛下に拝謁した。ここ３年間は、コロナ禍で皇居への参内は中止されていたが、今年から再開されたようだ。グループごとに集合写真を撮った後、再びバスに同乗して金融庁に戻り解散となった。

元熊本銀行頭取

竹下　英さん(72)＝熊本市

旭日小綬章

激動47年　健全性に注力

「銀行員生活47年は激動の時代だった」と振り返る竹下英さん＝熊本市中央区

銀行員生活47年。熊本相互銀行（旧熊本銀行の前身）に入行以来、四つの行名を経験した。「金融界が激動の時代だったことの証左です」と静かに振り返る。「私一人で国や公共に貢献できたわけではない。熊本銀行として受章したのだと捉えています」

印象深い出来事として、旧熊本銀と肥後ファミリー銀行というライバル行の合併（1992年）と、合併後の熊本ファミリー銀行と福岡銀行の経営統合（2007年）を挙げる。統合のメリットは頭取就任2年後の熊本地震で痛感した。県外から応援が駆けつけ、熊銀の行員は取引先支援に専念できた。「統合していなかったら、どこまで対応できたか正直自信がない」。陣頭指揮を執った当時の苦悩と重圧をにじませた。

銀行は重要なインフラだからこそ、健全性と継続性を心がけてきた。現在は県法人会連合会長と熊本中央高（加寿美学園）の理事長。歩んだ道を文章に残しつつ、「異業種交流や租税教室などの活動も続けていく」と、新たなページを刻み続ける。（立石真一）

受章についてインタビューを受けた記事（2023年4月29日付　熊本日日新聞より）

残念ながら拝謁は受章者本人に限られたので、宿泊しているホテルで色留袖に着替えて待っていた妻と記念写真を撮った。かつて祖父の最上仁喜平が、叙勲を受けて夫婦で記念写真を撮っていたことを思い出した。いつかこの写真も、家族の思い出の写真になるのだろうかと思うと少しセンチになった。

自問していた受章の理由にまだこだわっていた。ようやく合点がいったのは、「功績をあげた人」とある箇所を、「功績をあげた団体・法人」と読み換えた時である。個人ではなく「銀行」と置き換えてみると腹落ちした。

受章は私一人へのも

天皇陛下拝謁後に撮った、妻との記念写真＝2023年5月15日、東京都

のではない。地域金融機関として熊本銀行が相応の役割を果たしてきたことが認められ、それを支えてきた人たちへの栄誉だと考えると、喜びも一入だった。

この『私の銀行員物語』の棹尾を叙勲受章という形で締めくくることができたことはこの上なくうれしい。物語の最後に最高のご褒美をいただいた。

周囲の温かい声に押されて、7月8日にホテル日航熊本で、「『私の銀行員物語』出版記念、並びに旭日小綬賞受章祝賀会」を開催していただくことになった。

出席いただく方々はじめ、関係する多くの人たちへ、その時改めて感謝の気持ちを伝えたいと思っている。

あとがき

２０２１（令和３）年９月25日から始まった新聞連載は47回、11月13日まで続いた。連載「わたしを語る～私の銀行員物語～」が始まると、いろんな方から意見、感想をいただいた。ある時、中学2年時の担任だった福島寛(ひろし)先生から携帯に電話が入った。卒業後は会う機会がなく57年振りの声だった。「毎日楽しく読んでいる。連載が終わったら一度会いたいね」という内容だった。母の遺品の中から見つかった当時の通知表を見ると、確かに福島という印鑑が押されていた。

熊日に連載された「わたしを語る」には、実は〝下書き〟があった。古希を迎えた機会に〝来し方を振り返ってみよう〟という思いが強くなり、95歳を迎えた父にその話をすると〝是非読んでみたい〟と言った。父はおそらく自分の人生と重ね合わせ、私が過ごした時間に関心を持ったのであろう。

原稿用紙に向かったのが20年6月の頃。6カ月ほどかけて11月に書き上げ、草稿「私の履歴書」として30回分を手にした父は、待ちかねたように夜遅くまで読みふける時もあったようだ。その翌月の12月26日早朝、父は急に体調を崩して救急車で病院に運ばれ、その日の午後に亡くなった。急性心筋梗塞だった。

熊本日日新聞の連載が終わった後、ＦＦＧ誕生（２００９年４月）にまつわる新事実が明らかになった。「経営統合はどちらの方から持ち掛けたのか」。これまでそういう話をする機会は一度もなかった。当時の「つばめプロジェクト」は、福岡銀行と熊本ファミリー銀行（当時）の頭取と企画部長との間で進められた極秘のプロジェクトだったので、どのような経緯で、どのような交渉が行われていたのか知る由もなかった。

明らかになった事実は、あるメガバンクの役員から出た話がきっかけで、経営統合は福岡銀行からアプローチが始まったというのだ。熊本ファミ銀は、経営健全化計画が思うように進まず、熊ファから救済を求めたものと思っていたが真実はそうではなかった。

経緯はともかく、福岡銀行と経営統合しＦＦＧを設立したことは、熊本の地域金融機関として正しい選択だったと確信している。

熊本銀行がＦＦＧの一翼を担い、新しい歩みを始めるまでには、幾多の苦難があった。多くの代償を払いながらも地域金融機関として存続の道を模索してきた。現場にいた一人の銀行員として、銀行の歴史を誰かが語るべきだと思っていた。熊本銀行がこうして存在するのは、これまでのさまざまな歴史の延長線上にあることを、改めて知ってほしいと思う。

47年間の銀行員生活を通じて、年齢・職業・場所を問わず多くのかけがえのない方との出会いがあった。そのことが私の生きる糧となった。さまざまな業務に関わり、困難な仕事にも挑んだ。ひたすら「前へ」進み、より高い目標、困難な仕事にチャレンジし、乗り越えた時の充実感・達成感を感じることができた。改めてこれまで出会った全ての方に感謝したい。

２０２２（令和４）年の11月22日に「いい夫婦」の表彰を受けた。突然の発表にびっくりしたが、私以上に妻が驚いていていた。ただ、これまで１人で表彰される

「いい夫婦 パートナー・オブ・ザ・イヤー2022」の表彰式にて＝2022年11月8日、東京都渋谷区

機会は何度かあったが、２人が一緒に表彰されたことはなくそれがうれしかった。２人揃っての次の表彰は、４年後の金婚式になるかも知れない。

出版に際し、新聞の連載では書き尽くせなかったことや思いがけない叙勲受章など、新たな項を加筆し内容を再構成した。

「わたしを語る」の新聞連載に道を開いていただいた熊本日日新聞の木村圭一郎さんには、言い尽くせないほどお世話になった。連載の編集を担当していただいた宮下和也さんにも、さまざまなご指導をいただいた。

最後に、お忙しい中、発刊に寄せて一文を執筆いただいた蒲島郁夫熊本県知事、柴戸隆成ＦＦＧ会長、野村俊巳熊本銀行頭取、河村邦比児熊本日日新聞社社長には、心から感謝とお礼を申し上げ筆を置く。

２０２３年5月　　竹下　英

加寿美学園理事長室にて＝2023年5月

著者略歴

竹下英（たけした・えい）

1951（昭和26）年生まれ、山鹿市旧鹿北町出身。
1974年3月明治大学法学部卒業後、熊本相互銀行に入行。旧熊本銀行、熊本ファミリー銀行を経て、2018（平成30）年3月FFG・熊本銀行頭取を退任。現在は学校法人加寿美学園理事長、公益社団法人熊本法人会会長を務める。趣味は山登り・ゴルフ・古書店巡り。

私の銀行員物語　～ひたすら「前へ」～

発　行　日	2023（令和５）年６月30日
著　　　者	竹下英
撮　　　影	吉岡功治
発　　　行	株式会社熊本日日新聞社
制作・発売	熊日出版（熊日サービス開発株式会社） 〒860-0827　熊本県熊本市中央区世安１－５－１ TEL 096（361）3274　FAX 096（361）3249 https://www.kumanichi-sv.co.jp/books/
装　　　丁	臺信デザイン事務所
印　　　刷	株式会社チューイン

ISBN978-4-87755-645-7　C0095